아주 작은 시작의 힘

아주 작은
시작의 힘

더 이상 미루지 않고
지금 당장 실행하는 기술

박민선 지음

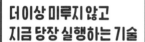

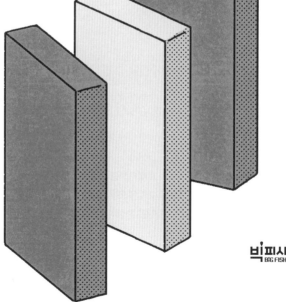

빅피시
BIG FISH

첫 번째 도미노만 쓰러뜨리면 된다

도미노가 연달아 쓰러지는 영상을 보신 적 있으세요? 첫 번째만 쓰러지면 나머지 도미노들은 연달아서 아주 쉽게 무너지죠. 도미노와 그다음 도미노의 크기 차이는 대략 1.5배 정도밖에 안 된다고 합니다. 그러나 첫 번째 5mm의 작은 도미노는 점차 더 큰 도미노를 쓰러뜨려서 결국 열세 번째 배수인 1m의 큰 도미노를 쓰러뜨릴 수 있어요('작은 도미노 큰 도미노'라고 유튜브에 검색하면 영상이 나옵니다). 목표를 하나 이뤄본 경험도 이것과 비슷합니다. 작은 시도를 해본 경험이 더 큰 시도를 할 수 있도록 도와줍니다.

칼럼을 주로 쓰던 저도 퍼블리에 연재했던 글이 도미노가 되어 책을 쓰는 더 큰 시도를 하게 되었습니다. "게으른 완벽주의자가 스스로를 인정하고 한 걸음씩 내딛을 수 있도록 알려주는 정면돌파 실전편" "너무 소름돋고 그만큼 너무 유익해서 대만족 버튼 있으면 누르고 싶을 정도" 등 보는 것만으로 마음이 따뜻해지는 고마운 댓글들을 보며 더 많은 분에게 닿았으면 좋겠다고 생각하던 차에 빅피시 출판사의 감사한 제안으로 내용과 자료를 더해 출간하게 되었습니다. 저 역시 게으른 완벽주의자 중 하나로 이상과 현실의 차이로 몹시 괴로워했고, 미루는 습관을 개선하고자 책과 영상을 보며 다양하게 시도해보았습니다. 그 과정에서 과거에는 불가능하게만 보였던 목표들이 현실로 이루어지는 새롭고 놀라운 경험을 했습니다.

제가 이 책에서 드리고 싶은 메시지는 딱 2가지입니다. '나만 미루는 것이 아니다. 데드라인은 호환마마처럼 무서운 것이어서 대가들도 미루며 괴로워하고 있다.' 그리고 '모자른 나를 인정하고 일단 시작하자. 서투른 것은 발전을 위한 지극히 당연한 과정이다'라는 이야기입니다. 이를 도와줄 '감정'을 관리하며 완벽주의에서 벗어나는 법과 '두뇌'의 특성을 활용하여 좀 더 쉽게 시작하는 법에 대해 살펴보고요. 자기 자신을 알고 제대로 된 '목표'를 세우는 법, '실행과 회고'를 도와줄 템플릿들도 공유할 예정입니다.

이 책에 실린 방법이나 템플릿이 쉽지 않아 보일 수 있습니다. 모든 것을 따라 하지 않아도 됩니다. 할 수 있을 만큼만 하면 돼요. 커피 쿠폰에 도장을 찍듯이 하나를 시작하면 그다음이 이전보다 더 쉬워 보일 거예요. 중요한 것은 내가 할 수 있는 작은 시작의 성공 경험 하나를 만드는 것입니다. 아침에 일어나서 이불 정리든, 아침 산책이든, 생각 메모하기든 뭐든지요. 그것이 나의 게으름에 균열을 일으키고 더 큰 시작을 도와줄 거예요. 마치, 첫 번째 도미노 조각처럼 말이지요.

나는 왜

시작이 어려울까?

시작을 미루는 이유는 다양하다

'아이고, 10분 지각이다.'

이번 달만 네 번째 지각입니다. 지수 씨는 숨이 차서 헉헉대며 사무실로 가는 엘리베이터 버튼을 누릅니다. 사무실 입구에 도착해서는 살살 발소리가 안 들리게 걸어 본인 자리에 앉습니다. 몰래 앉기에 성공했다고 생각한 순간, 팀장님이 무심하게 묻습니다.

"지수 씨, 오늘까지 주기로 한 A사 제안서는 완료되었어요?"

"아니요. 그게… 거의 다 되었어요."

"그럼 점심 먹고 1시 30분쯤에 같이 볼게요. 그때까지 가능한가요?"

"네, 팀장님. 그때까지 보실 수 있도록 해놓을게요."

지수 씨는 3년차 마케터입니다. 지금 다니는 회사는 다른 클라이언트 회사의 마케팅을 대행합니다. 오늘 지수 씨가 지각한 이유는 지난밤 제안서를 쓰느라 늦잠을 잤기 때문입니다.

문서 마무리를 해야 하는데 갑자기 팀장님이 회의를 소집합니다. 마케팅 1팀 팀원들은 서둘러 회의 테이블에 앉습니다. 예고 없이 시작된 회의에서 지수 씨의 입사 동기인 다은 씨는 언제 준비를 했는지 척척 아이디어와 액션플랜을 내놓습니다. 회의에서 지수 씨는 아이디어를 생각만 하다가 왠지 적합하지 않을 것 같아서, 속으로 삼킵니다.

2시가 되어 지수 씨는 팀장님 옆에 서서 숙제 검사 맡는 기분으로 A사 마케팅제안서를 함께 봅니다.

"지수 씨, 자료 조사 꼼꼼히 했네요. 시간 많이 들였겠어. 워딩만 조금 더 매끄럽게 손보면 될 것 같은데."

"네, 감사합니다. 팀장님."

"다은 씨, 지금 30분만 시간 되나요? 다은 씨가 문장을 잘 다듬으니까, 지수 씨가 한 제안서 워딩만 좀 손봐줘요."

지수 씨는 겉으로 티 내지 않으려고 애쓰지만 팀장님의 마지막 말에 급작스럽게 표정이 굳어집니다. '정말 우울하다. 나는 왜 이렇게 일을 못하지? 계속 야근하고 오늘 점심도 굶고 마무리했는데도 아직도 부족한가 봐. 일 잘하는 다은 씨는 얼마나 좋을까? 이렇게 못하는 일을 계속하는 게 맞는 걸까?'

'자료조사를 꼼꼼히 잘했다'는 칭찬은 지수 씨 귀에 들리지 않습니다. 지수 씨는 팀장님이 자신이 완성한 제안서의 마무리를 다른 사람에게 맡긴 것만 확대해서 받아들입니다. 높은 기준과 타인과의 비교에서 오는 스트레스로 시작이 힘든 지수 씨는 '게으른 완벽주의자'입니다.

실제로 심리학에서는 할 일을 미루는 기제와 완벽을 추구하는 성향 사이에 상관관계가 높다는 연구 결과가 많이 있습니다. 완벽주의의 성향을 가진 사람들은 어떤 일이든 완벽하게 해내려는 압박감과 함께 이후의 평가까지 신경을 쓰다 보니, 마음이 무겁습니다. 그래서 어떤 일이든 시작하기가 어렵고, 시작하기 전에 이미 불안감을 품게 되는 것이죠. 게으른 완벽주의자는 이런 마음의 짐을 안는 것이 싫어 아예 시작조차 하지 않거나 이런저런 핑계로 시작을 미루는 사람을 의미합니다. 읽다 보니 '어쩐지 내 이야기 같은데?' 하고 느껴지지 않나요? 혹시 잘 해내야 하는 일일수록 더욱 시작하기가 망설여진다면 완벽주의 성향일 가능성이 높습니다.

다음은 게으른 완벽주의자를 알아보는 설문입니다. 해당하는 항목과 같은 줄에 있는 네모 칸에 체크하세요. 예를 들어, 1번이 자신의 성향과 일치한다면 B에 있는 네모 칸에 체크하면 됩니다. 해당하지 않는 항목은 빈칸으로 남겨두세요. 체크가 완료된 후에는 A, B, C, D, E가 나온 개수를 세어 표의 가장 밑줄에 적고, 각각의 합계를 확인합니다.

게으른 완벽주의 유형 테스트

번호	항목	A	B	C	D	E
1	무언가를 시작하기 전에 아직 준비가 덜 되었다는 생각이 든다.		☐			
2	커뮤니케이션이 잘 안 된다는 말을 종종 듣는다.			☐		
3	계획한 것을 하루 이틀이라도 지키지 못하면 포기해버린다.				☐	
4	타인의 부탁을 잘 거절하지 못하는 편이다.	☐				

5	노력했는데 결과가 안 좋으면 노력이 아깝다고 생각한다.					☐
6	회의할 때 내 의견이 반박되는 경우 두고두고 생각이 난다.			☐		
7	내가 했던 실수에 대한 다른 사람의 반응이 자꾸 생각나서 괴롭다.	☐				
8	내가 잘못했다는 것을 인정하고 표현하기가 쉽지 않다.				☐	
9	자신에 대한 기대치가 높지 않다.					☐
10	질문에 대답할 때 솔직한 내 의견을 말하기보다 상대방이 원하는 답을 하는 경우가 많다.	☐				
11	완성도를 높이려고 애쓰다가 일정을 못 맞출 때가 부지기수다.		☐			
12	다른 사람들에게서 모범적이라는 평가를 듣고 싶다.	☐				
13	평소에 머리는 좋지만 노력을 잘 안 한다는 소리를 많이 들었다.					☐
14	학교나 회사에 지각하면 그냥 가기 싫어진다.				☐	
15	이야기를 할 때 다른 사람의 말을 끊는 버릇이 있다.			☐		
16	학창 시절 부모님은 내가 모든 면에서 완벽하길 바라셨다.		☐			
17	나보다 더 잘난 사람을 친구로 만드는 것이 솔직히 싫다.					☐
18	일을 완료하기 전에 중간 상태를 다른 사람에게 보여주고 싶지 않다.	☐				
19	회의할 때 내 할 말이 생각나면 말할 때까지 계속 생각하느라 다른 사람의 말을 잘 못 듣는다.			☐		
20	나는 매우 양심적이고 꼼꼼한 사람이라고 생각한다.				☐	
21	회사 업무나 야근으로 사적인 모임을 자주 취소하거나 거절하는 편이다.	☐				
22	나보다 못한 사람도 많고 나 정도면 괜찮다고 생각한다.					☐
23	일을 잘해서 칭찬을 들어도 당연한 걸 했을 뿐이라고 생각한다.		☐			
24	머리 좋은 것은 타고나고 내가 바꿀 수 있는 영역은 적거나 거의 없다고 생각한다.			☐		

25	자신의 의무를 다하지 않는 사람을 보면 화가 난다.				☐	
26	회의에서 의견을 낼 때 생각만 하다가 얘기하지 못하는 경우가 많다.		☐			
27	업무 시간 외에 일과 관련된 자기계발을 하고 싶지 않다.					☐
28	내가 한 일에 만족하지 못하고 '더 잘할 수 있었는데'라는 생각이 든다.		☐			
29	여러 사람과 이야기할 때 나와 관련된 말은 잘 듣지만 다른 사람 말은 잘 듣지 않는다.			☐		
30	일이 계획대로 안 되면 스트레스를 심하게 받는다.				☐	
	합계					

A, B, C, D, E 중 가장 개수가 많은 것이 당신의 유형입니다. 3개 이상인 유형이 하나가 아니라 2~3개라면 그 유형들도 기억하세요.

문항	A	B	C	D	E
3개 이상					
유형	타인의식형	높은 기준형	쇠귀에 경 읽기형	흑백이론형	나는 괜찮아형

어떻게 체크되었나요? 완벽주의에는 하나의 성향만 있는 것은 아닙니다. 뜻밖에 2~3가지 케이스에 함께 해당되는 경우도 많아요. 이 완벽주의 테스트는 제 주변의 실제 인물들의 특성을 반영하여 심리학에서 쓰는 '프로스트의 다차원적 완벽주의 척

도Frost Multidimensional Perfectionism Scale: FMPS를 참고하여 만들었습니다. 기존 다차원적 완벽주의 척도에서 다루지 않는, 완벽주의를 회피하여 자신은 완벽주의가 없다고 착각할 수 있는 분들의 유형도 추가했습니다.

이제 망설임 없이 시작에 나서기 위한 방법을 알아볼 때입니다. 그를 위해 우선 게으른 완벽주의 유형별 특징과 원인 및 그에 맞는 해결책을 함께 알아볼까요?

게으른 완벽주의
유형별 특징과 솔루션

우리의 시작을 가로막는 '게으른 완벽주의'는 총 5가지 유형으로 나누어집니다. 일을 미루는 겉모습은 비슷해 보이지만, 각 유형마다 완벽의 기준, 자아상, 세계관이 달라 그에 맞는 솔루션이 필요하죠. '게으른 완벽주의 유형별 특징'과 그에 해당하는 퀵 솔루션을 알아보겠습니다. 이 부분은 순서대로 읽어도 좋고 해당하는 유형을 찾아 읽어도 좋습니다.

A. 타인 의식 형

남의 눈을 지나치게 의식하여 다른 사람이 좋다고 하는 것이 판단의 큰 비중을 차지함. 자신이 하고 싶은 것이나 목표에 대해서 진지하게 생각해본 적이 드묾.

타인 의식 형이 게으른 완벽주의자가 되는 이유는 다른 사람의 눈에 내가 어떻게 비칠지 염려해서 결정을 내리기 힘들고 타인의 판단을 의식하다 보니 우유부단할 가능성이 크기 때문입니다. 나의 기준보다 다른 사람 눈에 좋게 보일 것을 우선시하여 결정합니다. 무엇을 하는 과정 자체를 즐기기보다는 성취했을 때의 보상이나 칭찬을 기준으로 삼고 그것에 더 기뻐하는 경우가 많습니다. 주로 이 타인 의식 형에 해당하는 사람들은 모범생일 확률이 높고, 타인에게 싫은 소리를 하거나 듣는 것을 유난히 힘들어합니다.

이 타인 의식 형 완벽주의자들은 '타인의 기대 부응' 같은 외적 동기에 의해 시작했다가 결과가 안 좋으면 주변의 기대에 못 미친 자신을 탓하며 스스로 실망합니다. 잘하고 싶은 마음 자체는 나쁠 것이 없습니다. 오히려 자신을 발전시키는 원동력이 되죠. 하지만 사회 혹은 남이 정해놓은 높은 기준 때문에 시작 자체를 두려워한다면 조금도 나아갈 수 없습니다.

어떤 일이든 '시작'을 하게 만드는 동기는 내적 동기와 외적 동기로 나눌 수 있습니다. 단순하고 반복적인 행위는 외적 동기만으로도 가능하지만, 장기간의 학습과 성장을 위해서는 내적 동기가 무척 중요합니다. '호기심'과 '즐거움' 같은 행위 자체의 순수한 욕구 충족이 아니라, '칭찬'과 '보상' 같은 근시안적 욕구 충족은 꾸준히 지속되기가 어렵습니다.

우리는 어릴 때 칭찬을 받으면 좋아하고, 꾸중을 들으면 울었습니다. 지금도 그 습성은 남아있습니다. 예전에는 그 대상이 부모님이었다면, 이후에는 상사 등의 타인이 된 거죠. 미움받고 싶지 않고, 실망시키기 싫고, 일 못하는 사람으로 낙인찍힐까 봐 시도하지 못하는 순간을 들키고 싶지 않습니다.

이 유형의 가장 안타까운 점은 열심히 하고 목표를 이뤘어도, 나중에 나의 목표가 아님을 깨닫고 허탈해하거나 다른 사람을 원망하게 될 수 있다는 것입니다. 내 선택이라면 결과가 안 좋아도 과정에서 얻은 것이 있어서 크게 좌절하지 않을 수 있지만, 타인을 기준으로 선택한 경우에는 문제가 다릅니다.

제 주변의 A 팀장이 이런 경우였습니다. 늘 사람 좋은 미소를 짓고 먼저 부탁하지 않아도 먼저 궂은일을 나서서 하는 배려의 아이콘이었습니다. 다른 팀일 때는 좋지만, 한 팀에 소속되어 있다면 굳이 자신이 하겠다고 일을 떠맡는 팀장은 팀원들을 곤란하게 할 때가 많습니다.

A 팀장은 결정해야 할 때 분위기를 봐서 휩쓸려서 하는 경우가 많고, 꼭 의사표시를 해야 하는 일도 상대방의 분위기가 안 좋으면 말도 못 꺼내는 경우가 종종 있었습니다. 타인으로부터 안 좋은 피드백을 듣는 것을 너무나 힘들어하는 사람이었죠.

→ 타인 의식 형의 퀵 솔루션:
자신만의 기준 세우기

자신만의 기준을 세우기 위해서는 내 의견의 근거가 명확해야 합니다. 그러기 위해 평소 업무를 할 때 의식적으로 업계 트렌드를 읽고, 지속해서 지식을 업데이트하세요. 그렇게 인풋을 늘려야 다양한 지식과 정보들이 재료가 되어 자신만의 기준과 인사이트가 생겨납니다.

사적인 만남에서도 그냥 넘어가서는 안 될 사안은 꼭 짚고 넘어가고 자신의 의견을 명확히 밝히세요. 타인 의식 형은 대체로 마음이 여리고 눈치가 빠른 편이라 그만큼 타인의 의견이나 기분에 휩쓸리는 경우가 많습니다. 또한 부정적인 피드백을 받으면, 그 피드백이 나라는 '사람'이 아니라 내가 한 '일'이나 '행동'에 대한 것이라고 분리해 생각할 필요가 있습니다.

B. 높은 기준 형

매사에 기준이 높음. 완벽하지 않은 상태의 자신을 인정하기 힘들어함. 시도했다가 자신의 기준에 못 미칠까 봐 두려워하는 마음이 큼.

기준이 어느 정도 높은 것은 시도할 때는 적당한 자극이 되지만, 너무 높은 경우 시도 자체를 하기 어렵게 만듭니다. 높은 기준 형은 모든 일에 완벽한 기준을 들이댑니다. 매사 완벽을 기하기 때문에 뭔가를 시작할 때 오래 걸리는 편이고, 계획하는 데 너무 오랜 시간이 걸려서 시작하기가 힘듭니다. 이렇게 시도의 횟수가 줄어들면 제대로 해낼 확률은 더욱 떨어집니다.

이 높은 기준 형의 사람들이 게으른 완벽주의에 빠지는 이유는, '어설픈 나를 인정하고 싶지 않기' 때문입니다. 어설픈 나를 인정하고 개선을 시도해야 점차 앞으로 나아갈 텐데 '완벽하고 이상적인 나'만 나로 인정하기 때문에 목표까지 참기 힘듭니다. 시도하는 상황에서 벌어지는 부정적인 피드백에 굉장히 괴로워합니다. 대개 내성적이고 감성적이고 예민한 편입니다. 시끄러운 상황에서 금방 지치죠. 그리고 미적으로 높은 심미안을 가진 분들이 많습니다. 이 높은 기준 형은 자신에 대해서도 엄격한 잣대를 들이댑니다. 실제는 잘하는 것도 많고 똑똑한 사람인데 늘 본인에게 만족하지 못하고 채찍질합니다. 긍정적인 반응보다는 부정적인 반응을 훨씬 더 잘 기억합니다. 사람에 대한 기준도 높아서 아무나 하고 친해지지 않는 편입니다. 그러면서도 주변에 진짜로 마음을 털어놓을 사람이 없는 것 같다며 속상해합니다.

지나치게 높은 기준을 갖고 있기 때문에 이들에게 뭔가를 물어보면 늘 부정적인 피드백이 함께 옵니다. 대부분이 옳은 말이긴 하지만 듣는 쪽은 마음이 기쁘지만은 않습니다. 자신이 시도해보지 않은 것에 대해서 이상적인 높은 기준만을 가질 수밖에 없다 보니, 피드백이 좋을 수 없습니다.

제 주변의 B 님이 이 유형입니다. B 님은 타인에게 칭찬보다 지적을 자주 하는 편입니다. 칭찬을 해도 "조금만 ○○했으면 좋겠다"라고 마무리를 짓습니다. 자신에게도 매우 높은 기준을 적용하고 있기에 지금 이 순간을 즐기기보다는 늘 뭔가를 열심히 하는 분이라는 인상이 가장 먼저 떠오릅니다. 열심히 노력해도 본인의 기준에 도달하지 못하는 현실에 좌절하는 날이 많죠. 잘하는 것도 많고 사리에 밝은 분인데 자신이 가진 능력을 제대로 인정하지 않고, 미처 다 발휘하지 못하는 모습이 안타깝습니다.

저도 기준이 매우 높은 편이었습니다. 사회 초년생 시절에는 결과물이 마음에 들 때까지 공을 들인 다음에야 상사에게 보여줬습니다. 하지만 상사의 의도와 맞지 않아 시간만 허비한 경우가 많았죠. 중간관리자를 경험한 후에야 최대한 빨리 초안을 만들어 방향성을 확인하는 게 시간을 아끼는 방법임을 깨달았습니다. 피드백을 기반으로 빠르게 수정해나가니 훨씬 더 발전된 결과물을 얻게 되었고요.

→ **높은 기준 형의 퀵 솔루션:**
긴 관점으로 나의 발전을 보기

아무리 뛰어난 운동선수라도 매번 모든 출전 대회에서 1위를 하기는 힘듭니다. 누구나 잘하는 날도 있고 못하는 날도 있습니다. 발전하지 않는 자신을 탓하는 대신 어떻게 하면 실력을 빨리 키울 수 있을까 고민하는 방향으로 사고방식의 전환을 해보세요.

높은 기준 형에게 내 마음에 들지 않는 결과물을 다른 사람에게 보여주는 것은 처음 수영을 배울 때 발을 바닥에서 떼는 것만큼이나 큰 용기가 필요한 일입니다. 그러나 지금 못해도 상관없습니다. 다음번에 더 잘하면 됩니다. 혹시 다른 사람이 자신을 안 좋게 평가할까 걱정이 되나요? 학교나 회사의 선배는 한두 번의 실력으로 나를 판단하지 않습니다. 그 사람의 열심히 하려는 태도와 실력이 나아져가는 추이를 봅니다. 이렇게 갈고 닦은 나의 실력은 1년 뒤, 3년 뒤에는 분명 크게 달라져 있을 겁니다.

c. 쇠귀에 경 읽기 형

대화 시 타인의 의도나 주제보다 단어나 맞춤법 등 표면적인 요소에 집중함. 다른 사람의 조언을 잘 듣지 않아 성장할 기회를 놓침.

쇠귀에 경 읽기 형은 다른 사람 말을 듣는 척하지만 실제로는 잘 안 듣고 외면하거나 안 좋은 피드백을 받아들이지 못하고 부인하는 편입니다. 다른 사람의 조언을 듣고 반성해야 성장할 텐데, 약간의 부정적인 의견에도 거부감을 보인다면 멘토가 곁에서 도와주고 싶어도 도와줄 수가 없습니다. 이 타입은 다른 사람과의 진정한 교류와 자신의 발전보다 '나에 대한 칭찬'과 '내가 옳다는 피드백'을 원합니다.

커뮤니케이션의 첫걸음은 잘 듣는 것에서 시작합니다. 현재보다 나아지고 싶다면, 자신이 어떤 피드백을 듣고 있는지 파악하고, 그 문제가 지속해서 반복된다면 피드백을 반영하며 앞으로 나아가야 합니다. 본인이 진심으로 하고 싶은 것이 있을 때일수록 주변의 의견을 적절히 받아들이며 만들어가야 하는데, 자신만의 세계에 갇혀버린다면 필요한 성과를 이루어내기 어렵고, 다른 사람을 부러워하기만 할 수밖에 없습니다.

제안서 만들기를 예로 들어볼까요? 처음에는 아무것도 없는 상태에서 새로 만들기 때문에 불완전할 수밖에 없습니다. 목차에 살을 붙이고 디자인을 가미하고 내용을 다듬으며 점차 제안서의 형태가 되어가죠. 그리고 다른 사람의 피드백을 받으며 점점 좋아집니다. 특히 주제가 산으로 갈 때, 그것을 쓴 당사자 눈에는 안 보여도 다른 사람 눈에는 보일 때가 많습니다. 누구나 부정적인 피드백은 달갑지 않습니다. 기분이 절대 유쾌하진 않으니까요. 하지만 그로 인해 더 좋은 결과물을 낼 수 있다면 수정에 수정을 거듭하더라도 피드백을 수용하는 게 좋지 않을까요? 고작 두렵고 부끄럽다는 이유 하나 때문에 고마운 피드백을 외면하고 도망친다면 언제까지고 제자리에 머무를 수밖에 없습니다. 아무런 변화도 일어날 수 없지요.

제가 다녔던 회사의 C 사원과 제가 이 유형이었습니다. C 사원은 분명 능력 있고 일 처리를 잘했지만 독불장군 같은 면이 있었습니다. 주변과 융화하는 듯하다가 뭔가 마음에 안 들면 뾰로통하게 자신만의 세계에 갇혀 있었죠. 때때로 일에 대한 피드백을 받을 때면, 표정부터 어두워졌습니다. 피드백을 받은 이후에는, 자신이 이러한 결과물을 내기까지의 이유와 논리를 설명하곤 했죠. 그렇기에 수정은 어렵다고요. 물론 반드시 누구의 의견이 옳다는 정답은 없지만, 타인의 피드백에 벽을 치고 귀를 막기보다는 '그 의견에 얼마나 일리가 있는지' 한번 진지하게 듣고 판단해볼 필요는 있지 않을까요?

제 경우에는 회의를 3년 정도 주재하기 전까지는 '듣는 것'을 잘 못했습니다. 이야기의 큰 흐름을 보지 않고 다른 사람이 하는 이야기를 듣다가 제가 아는 단어가 나오면 끼어들기 일쑤였습니다. 회의를 할 때도 제 업무 이야기만 듣고 나머지에는 크게 귀 기울이려 하지 않았습니다. 그러다가 강제로 회의의 처음부터 끝까지 들어야 하는 역할이 부여된 거죠. 마치 공을 던져주기를 기다리는 강아지처럼 귀를 쫑긋하고 주의를 집중한 채로 회의의 처음부터 끝까지 들었습니다. 정말 쉽지 않았습니다.

놀라운 것은 이 시기부터 제 소통 능력이 드라마틱하게 발전하기 시작하면서 관찰력과 수용력도 상승했다는 것입니다. 타인의 의견들에서 문제의 해결책을 뜰채로 건져내듯이 쏙쏙 골라 흡수했죠. 누울 자리를 보고 다리를 뻗는 것처럼 내가 하고 싶은 것을 어떻게 하면 잘 펼칠 수 있을지 길이 보이기 시작했다는 것입니다. 전체의 큰 흐름을 보는 능력이 늘며 통찰력까지 향상되었습니다.

→ 쇠귀에 경 읽기 형의 퀵 솔루션:
다른 사람의 피드백 경청하기

운동선수들은 자신의 모습을 녹화해서 코치와 함께 고쳐야 할 점을 찾아 고치며 실력을 쌓습니다. 실력을 늘리는 데 '의식적인 노력'과 '전문가의 피드백'은 늘 한 세트로 따라옵니다. 나보다 잘하는 누군가에게 보여주는 것은 내 실력을 늘리는 지름길입니다.

쇠귀에 경 읽기 형이 할 일은 싫은 상황을 견디고 받아들이는 능력을 향상시키는 것입니다. 그러기 위해서는 듣기 불편한 이야기도 잘 듣고 미리 다른 사람의 말을 지레 짐작하거나 끊지 않아야 합니다. 이렇게 되면 다른 사람들 또한 피드백을 더욱 성심성의껏 해주는데, 그것을 듣고 반영하는 와중에 자연스럽게 성장이 일어나게 됩니다. 잘 듣기 시작하면 이전에는 놓쳤던 새로운 세계들이 보이기 시작합니다. 이전과 이후는 정말 다른 세계입니다. 이 경험을 쇠귀에 경 읽기 형들이 꼭 해보았으면 좋겠습니다.

D. 흑백이론 형

'이것은 이래야 하고 저것은 저래야 한다'라는 식으로 모든 것을 스테레오 타입으로 생각함. 시도하기 전에 안 될 가능성이 조금이라도 보이면 포기함.

흑백이론 형은 '해야 한다'는 당위적 표현을 자주 씁니다. 누구든 역할에 충실해야 한다고 생각하기 때문에 본인도 맡은 역할을 잘하고 싶어합니다. 인생을 즐기기보다는 의무로 받아들이고 자신의 의무를 소중하게 이행합니다. 어쩌면 이분들은 세상에 없어서는 안 될 꼭 필요한 소금 같은 존재들이죠.

다만 고정관념에 사로잡힌, 꽉 막힌 사고방식을 지녔기 때문에 자신의 한계를 정해둔 채 시도조차 하지 않고 단정 짓기 쉽습니다. "이렇다던데" 하는 식으로 단편적인 뉴스의 정보만 듣거나 가까운 주변의 말만 듣습니다. 한 분야를 집중해서 체계적으로 공부해본 적이 드물기 때문에 객관적이거나 과학적인 사고를 못 하는 경우가 많습니다. 혹은 그동안의 경험치가 다양하지 않고 깊이가 얕기 때문에 자신의 세계 자체가 작고 좁습니다. 그리고 그 세계를 조금 더 넓힐 계기가 되어줄 대부분의 도전과 행동을 거부하는 편입니다.

따라서 올바른 방향 설정이 잘 안 되고 "이제 와서 뭘 바꿔" 하며 기존의 방향을 새롭게 바꿀 기회를 그냥 차단합니다. 인간

관계의 폭도 매우 좁기 때문에 자신보다 더 나은 사람을 보거나 만난 적이 별로 없습니다. 꽉 막혀서 좋은 점도 있습니다. 새로운 시도를 크게 하지 않기 때문에 실패할 확률도 낮습니다. 이분들이 좋아하는 단어는 '무조건'입니다. '무조건' 가족끼리 화목해야 한다거나 '무조건' 어른 말씀을 들어야 한다, 같은 말들입니다. 분석적, 비판적 사고가 결여되어 있습니다.

흑백이론 타입의 가장 안타까운 점은 자신들이 그렇다는 것을 스스로 모른다는 점입니다. 세상에 대해서 크게 호기심도 없기 때문에 큰 불만도 없습니다. 이분들은 그냥 안정적으로 현상 유지만 하며 살아가는 것이 목표입니다. 좌충우돌 시도해보며 나아간 경험이 적어서 자신만의 세계에 갇혀 있는 경우가 많습니다. 다른 사람들을 그저 겉으로 보이는 모습만 보고 파악합니다. 자신을 객관화하여 보지 못하고 성장에 대한 관심도 별로 없습니다.

입체적으로 사고하지 못하면 단면만을 보게 됩니다. 예를 하나 들어볼까요? 머그잔에 카푸치노가 담겨 있습니다. 컵 안에는 쓴 에스프레소가 담겨 있지만 표면적으로는 흰색 우유 거품만 보입니다. 하지만 카푸치노를 마실 때 안에 쓴 커피가 들어 있다는 사실을 알고 있습니다. 사물과 현상에 대해 깊이 이해하고 실제로 시도해보아야, 타인을 보이는 것만으로 판단하지 않을 수 있습니다.

저와 가까운 D 님이 이 흑백이론 형입니다. 착하고 성실하며 법 없이도 살 사람입니다. 다만, '성장'이란 측면에서는 조금 안타깝습니다. 인간관계가 좁고 하는 일도 정형화되어 있고 반복적이다 보니 새로운 일이나 사람을 접할 일이 적어 세계가 확장될 기회가 적습니다. 딱히 취미가 있는 편도 아니어서 본업 외에 눈여겨보는 분야도 없고 뉴스와 신문만 열심히 봅니다. 그리고 매체에서 이야기하는 단편적인 사실들로 사람과 세상을 판단하길 좋아합니다. 결국 다른 사람들도 다 아는, 당연해서 화제로서는 재미없는 이야기만 하게 되는 경우를 자주 봅니다.

→ **흑백이론 형의 퀵 솔루션:**
직간접 경험을 늘리며 세계 확장하기

흑백이론 형은 현상에 대해 보이는 것만 표면적으로 이해하기 때문에 단편적인 사고를 하게 됩니다. 따라서 다면적으로 세상을 이해할 필요가 있습니다. 그러기 위해서 의도적으로 경험치를 늘릴 필요가 있습니다.

여행, 영화, 공연, 독서 등을 통해 직간접 경험을 늘리고 자신의 세계를 풍성하게 하여 세상을 보는 시야를 넓혀야 합니다. 늘 보던 사람만 만나지 않고 새로운 모임에 참석해본다든가 새로운 취미를 시도해보는 것도 좋겠습니다. 또한 '옳다' '그르다' 결론을 내리기 전에 새로운 것들에 대한 판단을 유보하고 일단 '아, 그렇구나' 하고 다양성을 받아들이는 습관을 들여보세요.

E. 나는 괜찮아 형

겉보기에는 긍정적인 모습으로 잘살고 있는 것처럼 보임. 하지만 기준이 낮아 안주하기 쉽고, 새로운 시도를 하지 않아 발전이 더딤.

긍정적 사고가 항상 좋은 것만은 아닙니다. 지나치면 문제를 회피하고 자기합리화하기 쉽죠. 자신이 가진 것에 만족하는 행동과 별개로 꾸준히 자신이 원하는 삶에 다가가는 행동이 필요합니다. '나는 괜찮아' 형은 기준이 낮습니다. 그래서 쉽게 만족하고 안분자족하며 살아갑니다.

나는 괜찮아 형은 어렸을 때 자신이 뭔가를 원하더라도 가지기 힘든 환경이나 내가 굳이 이야기하지 않아도 다 주어지는 환경에서 자랐을 가능성이 높습니다. 2가지는 아주 다르지만 결국 내가 건강한 욕망을 가지고 그것을 이루어나가는 경험을 하지 못한 점은 같습니다. 그래서 스스로 성취해나가는 경험은 무척 소중합니다.

이 유형은 기본적으로 평화롭고 감정 기복이 심하지 않아서 주변을 편안하게 합니다. 여유 있고 침착한 성품이라 다른 사람의 이야기를 잘 들어줍니다. 어떤 일에든 지나친 기대를 품지 않습니다. 좋은 일이든 나쁜 일이든 그러려니 하고 체념적인 태도로 받아들입니다. 대체로 먼저 시도하기보다는 누군가에게 부탁을 받아 시작합니다.

이렇듯 나는 괜찮아 형은 '열정'과는 거리가 멉니다. 막상 무엇인가를 시작하면 열심히 하지만, 시작 자체를 꺼리는 경우가 많습니다. 노력했는데 이루어지지 않으면 그 노력이 아깝다고 생각하고 시도를 아낍니다. 심지어 꼭 해야 할 일들도 끝까지 미루는 경우가 많습니다. 열등감과는 거리가 먼 척 행동하지만, 갑자기 불쑥 현타가 올 때가 있습니다.

이유는 자신이 가진 것에서 좋은 것만을 보려고 노력하고 거기에 안주하기 때문입니다. 이러한 태도에는 힘든 것을 시작하고 싶어 하지 않는 회피 심리가 숨어 있습니다. 새롭고 낯선 것들은 모두 처음에 힘들 수밖에 없죠. 그렇기 때문에 환경이 극도로 힘들어지지 않는 이상 새롭게 도전하거나 시도하지 않습니다. 만약 이 상황이 지속된다면 주변에서 기회가 주어지지 않는 한 안주하다가 뒤처질 수 있습니다. 그렇다고 나는 괜찮아 형이 능력이 없는 것은 아닙니다. 막상 하면 중간 이상은 합니다.

저의 최측근 E 님이 이 유형입니다. E 님은 평화로운 성격이라 안 지 10년 정도 되었지만 싸운 적은 거의 없습니다. 처음에는 하고 싶은 것이 늘 많은 저와 욕심보다 '능력'이 앞서는 E 님은 서로를 신기해했습니다. 이후 서로 알아가며 서로의 방식이 정말 다르다는 것을 깨닫고 인정하기 시작했습니다. 저는 좋아하는 것을 이뤄내기 위해서 그 나머지 것들을 버티고 참는 쪽이라면, E 님은 정말 하기 싫은 것을 피하기 위해서 덜 하기 싫은 것들을 하는 쪽이었습니다. 제가 최선을 선택하고 나머지를 다 견딘다면, E 님은 최악을 피하기 위해 차악을 하는 거죠.

→ 나는 괜찮아 형의 퀵 솔루션:
　좋아하는 것들을 하며 성공 경험 쌓기

나는 괜찮아 형은 환경에 순응하는 편이기 때문에 자신이 좋아하는 것들을 잘 깨닫지 못하는 경우가 많습니다. 따라서 흥미가 있는 일이라면 직접적으로 성공에 도움이 되지 않을 것 같더라도 해보며 본인 재능의 방향을 잡아나가는 태도가 중요합니다. 또한 작은 성취 경험들을 축적하며 성공에 대한 감을 익힐 필요가 있습니다.

무엇인가 시작할 때 용기가 나지 않는다면 내가 그전에 일했던 결과물들을 한번 보세요. '과거의 내가 이렇게나 잘했어?' 자신감이 충전됩니다. 일할 기운이 나지 않을 때, 좋은 피드백이 담겨 있는 이메일을 보고 시작한다는 사람들도 보았습니다. 자신만의 기운이 나게 하는 비법을 한번 찾아보세요. 저는 좋은 피드백을 받으면 캡처해서 온라인 메모 앱에 모아놓습니다. 나는 괜찮아 형은 막상 시작하면 결과가 나쁘지 않습니다. 바로 시작해보세요.

Chapter 1.

지금 시작해야 하는 이유, 지금 시작할 수 있는 이유

시도가 두렵지 않았던 때를
기억하나요?

시도가 두렵지 않았던 때를 기억하나요? 언제부터 완벽하지 못한 나 자신을 마주 보는 게 두려워 시작을 미루게 되었나요? 저는 어릴 때는 그렇지 않았는데, 학교를 졸업하고 직장생활을 하면서 바뀌었습니다. 회사에서 제 잘못이 미치는 파장을 알고 나니 실수하지 않는 것에 무게를 두며 수비적으로 일하게 되더라고요. 틀릴까 봐 강박적으로 확인하고 회의 때 아이디어를 내도 기발하고 새로운 것보다 검증되고 안전한 쪽을 선호하게 되었습니다. 연차가 쌓인 후에도 제가 공들인 프로젝트에 대해 상사로부터 부정적인 피드백을 받은 날에는 무척이나 괴로워하며 퇴근 후에도 자괴감에 시달렸습니다.

완벽주의자가 되는 경로는 다양하겠지만, 이들은 공통적으로 불안도가 높아서 통제 가능하고 잘할 수 있는 것만 하려는 특성이 있습니다. 불안도가 지나치게 높으면 본질적인 큰 그림보다 절차나 형식 같은 상대적으로 덜 중요한 것에 집착하느라 노력에 비해 성과가 낮아질 수 있습니다. 계획대로 안 되면 크게 스트레스를 받으며, 대안까지 여러 개 대비해 놓아야 어느 정도 안심합니다. 물론 완벽주의에 단점만 있는 것은 아닙니다. 일을 꼼꼼하게 한다고 칭찬받은 적도 많을 것입니다.

이처럼 완벽주의는 긍정적인 측면과 부정적인 측면을 모두 가지고 있습니다. 심리학에서는 완벽주의를 다양한 차원으로 나누는데, 그중 하나가 '적응적 완벽주의'와 '부적응적 완벽주의'의 2가지 종류로 나누는 것입니다. 다음의 표는 이 둘 사이의 차이점 중 일부입니다. (《완벽주의 이론, 연구 및 치료》참조)

부적응적 완벽주의	적응적 완벽주의
• 노력에서 즐거움을 경험할 수 없음	• 만족 또는 기쁨을 경험할 수 있음
• 융통성 없는 높은 기준	• 상황에 맞추어 기준을 수정함
• 과도하게 높은 일반화된 기준	• 개인의 장점과 단점에 맞춘 높은 기준
• 실패에 대한 두려움	• 성공에 대한 추구
• 뛰어나야만 한다는 신념	• 뛰어나고 싶은 욕구
• 자기 가치감이 수행에 의존함	• 자기 가치감이 수행과 무관
• 실패는 가혹한 자기 비난과 관련됨	• 실패는 실망 및 새로운 노력과 관련됨
• 실수를 피하는 것에 집중	• 일을 제대로 하는 것에 집중
• 꾸물거림과 관련	• 시간에 맞춰서 과제를 완수

보통 '게으른 완벽주의자'라고 하는 것은 실제 심리학에서는 '부적응적 완벽주의'의 용어와 매우 가깝습니다. 부적응적 완벽주의의 경우, 자신이나 상황과 맞지 않는 이상화된 목표에 자신을 맞추며 일을 잘하려고 노력하기보다 실수가 없도록 일하기 위해 방어적으로 행동합니다. 부적응적 완벽주의는 자존감과 우울 정도와 깊은 상관관계가 있습니다. 부적응적 완벽주의 수준이 높으면 자존감이 낮으면서 우울감이 높게 됩니다.

'부적응적 완벽주의' 중 가장 행복도가 떨어지는 유형은 '사회부과적인 완벽주의' 유형입니다. 이 유형은 부모나 학교, 사회 등 외부의 기준을 자기 자신에게 부과하고, 기준에 미치지 못해 부정적 평가를 받는 것에 지나치게 두려움을 느낍니다. 실제로 사회불안의 수준이 높은 사람들과 낮은 사람들을 구분하여 완벽주의 특성을 확인한 결과, 사회불안이 높은 집단에서 사회부과적인 완벽주의 성향이 더 높게 나타났다고 합니다.

심리적 안정감은 얼마 전부터 성과나 조직 구성을 논할 때 빼놓지 않는 주제가 되었습니다. 구글이 4년간 연구한 '아리스토텔레스 프로젝트Project Aristotle'에 따르면 고성과 팀의 특징 가운데 첫 번째가 바로 '심리적 안정감'입니다. 이는 조직구성원이 자신의 솔직한 의견이나 부족한 점을 드러내도 무시나 불이익을 받지 않을 것이라는 믿음을 의미합니다. 인사제도보다 눈빛이나 목소리, 표정처럼 비언어적인 신호들이 중요합니다.

회사에서 느끼는 심리적 안정감은 내가 통제할 가능성이 낮지만 회사 외적인 삶에 대한 안정감은 내가 통제할 가능성이 높습니다. 그런데도 완벽주의자들은 모든 것에 완벽하려고 애쓰고 그것이 새로운 시도를 미루거나 지속하기 힘든 원인이 됩니다.

다음 그림은 하버드 경영대학원 교수 에이미 에드먼슨Amy Edmondson의 '심리적 안정감' 그래프를 약간 변형한 것입니다. 지속적으로 성장하기 위해서는 '학습 영역'에 머물며 자신의 '안전 영역'을 확장시켜야 합니다. 하지만, 게으른 완벽주의자들은 심리적 안정감이 낮아서 학습 영역으로 다가가는 것을 두려워할 가능성이 큽니다.

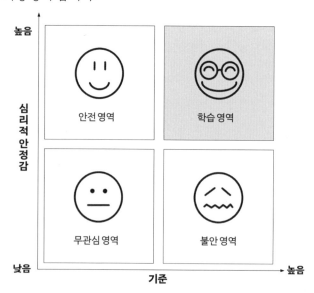

무관심 영역Apathy Zone은 기준이 낮고 심리적 안정감도 낮은 영역입니다. 자신의 일을 미루는 경향이 있고 동료와 협업하는 데 불필요한 노력을 기울이지 않습니다. '흑백이론 형'이 대표적인 케이스입니다.

안전 영역Comfort Zone은 심리적 안정감이 높고 기준이 낮습니다. 표면적으로는 마음도 몸도 편한 상태이지만 창의성과 성장에 대한 추진력은 없습니다. '나는 괜찮아 형'이 이 영역에 해당합니다.

학습 영역Learning Zone에서는 높은 기준과 높은 심리적 안정감을 경험합니다. 실수해도 자신이 괜찮은 사람이라는 자기 가치감에 변화를 주지 않습니다. 새롭게 도전하며 다양한 경험으로부터 성장합니다. 앞서 언급한 '적응적 완벽주의'가 학습 영역입니다.

불안 영역Anxiety Zone은 기준은 높지만 심리적 안정감은 낮습니다. 주변 환경에 휘둘리며 할 것이 많아 헉헉댑니다. 실수가 두려워 새로운 시도를 하지 않고 그렇기 때문에 배움의 기회가 적습니다. 가장 괴로운 단계이자 대표적으로 게으른 완벽주의자들의 특징을 담고 있는 단계이죠. '높은 기준' 형, '타인 의식' 형, '쇠귀에 경 읽기' 형이 이에 해당합니다.

발전하기 위해서는 일단 시작해야 합니다. 시작도 안 한 단계에서는 기준도 없고 내가 얼마나 못하는지 알 수 없습니다. 게으른 완벽주의자는 다른 사람에게 잘하는 것만 보여주고 싶습니다. 제 예를 들자면, 저는 운동신경이 없는 편이라 요가학원에 가는 것이 너무 싫었습니다. 못하는 과정을 겪는 것은 참을 수 있지만 그 모습을 다른 사람에게 보여주는 것이 너무 힘들었기 때문입니다. 하지만 일단 학원에 다녀오면 '성취감'이, 간혹 안 되던 동작이 되면 '뿌듯함'이 있었습니다.

그동안 인생에서 희열감이 밀려왔을 때를 되짚어봅시다. 행복의 이유가 꼭 대단한 데 있었던가요? 뭔가 성장한 나를 발견했을 때의 흐뭇함, 그럴 때의 기쁨은 뒤끝이 은은하고 제법 오래가는 편입니다. 갓난쟁이들이 처음에 뒤집기를 성공했을 때의 표정을 보면 이 성장에 대한 기쁨이 얼마나 본능적인지 알 수 있습니다. 힘들어서 얼굴색은 빨개졌지만 표정만은 자신이 해냈다는 희열로 가득 차 있죠. 우리는 어릴 적 성취의 기억을 잊었을 뿐입니다. 다시 시작할 수 있습니다.

성장하기 위해서는 못하는 나를 견뎌야 합니다. 안전지대를 벗어나는 것은 누구나 두렵습니다. 하지만 안전지대 안에만 머문다면 아무런 변화도 일어나지 않겠지요. 처음부터 드높은 목표를 완벽하게 수행할 수는 없습니다. 누구나 처음의 아웃풋은 어설프기 마련입니다. 사칙연산을 배우지 않고 수학을 풀 수 없고 알파벳을 외우지 않고 영어를 시작할 수 없습니다. 목표와 아웃풋의 괴리에 좌절하지 않고, 어설픈 구간을 참으며 꿋꿋이 실력을 연마해야 비로소 빛나는 순간을 맞이할 수 있습니다. 어설픈 완벽주의자에서 벗어나는 첫걸음으로 '안전지대 밖으로 내가 할 수 있는 한 발 내딛기'부터 해보면 어떨까요?

완벽한 사람들도
여전히 무서워한다

저는 업무상 제안서를 쓰거나 보도자료를 쓸 일이 많아서 글쓰기가 일과 중의 많은 부분을 차지하는데요. 제가 하는 일 중에서 가장 좋아하는 일이 글쓰기임에도 불구하고 할 때마다 힘들고 스스로 바보같이 느껴지고 도망가고 싶을 때가 많습니다.

그래서 힘을 빼자는 생각을 자주 합니다. 주사를 맞을 때 엉덩이에 힘을 주면 더 아프잖아요? 완전히 힘을 빼고 눈을 질끈 감고 그냥 하는 것입니다. 이런 순간마다 힘이 되는 몇 가지 사례가 있습니다. '이런 위대한 인물들조차 나와 같은 심정이구나' 하고 떠올릴 때마다 어쩐지 마음에 용기가 생겨납니다.

다큐멘터리 영화 〈스코어: 영화음악의 모든 것〉에는 많은 영화음악 거장들의 인터뷰가 나오는데 우리처럼 데드라인을 무서워하는 이야기가 나옵니다. 특히 〈히트〉와 〈배트맨 포에버〉

의 음악을 담당하고, 〈프리다〉로 아카데미와 골든글로브에서 최우수 작곡상을 받은 작곡가 엘리엇 골든탈의 인터뷰에서 들은 말이 인상 깊었습니다.

"정말 무서운 건 뉴욕 지하철을 타러 갔는데 음악 작업을 반밖에 못한 제 이름이 포스터에 나와 있는 걸 발견했을 때예요. 할 일은 많고 시간은 2주 반밖에 없는데 말이죠."

일을 시작하기에 앞서 두려움을 느끼는 능력자는 엘리엇 골든탈뿐만이 아닙니다. 〈인터스텔라〉〈라이온 킹〉〈다크 나이트〉 등 수많은 히트작의 음악을 담당했고 최근에는 〈듄〉으로 아카데미 음악상을 수상한 한스 짐머 음악 감독도 새로 진행할 작업을 위해 영화 감독과 미팅을 한 후 드는 감정에 대해 이렇게 토로했죠.

"감독이 떠나면 혼자 생각에 잠깁니다. 이걸 대체 어떻게 하나 싶은 생각이 들어요. '어떻게 할지 전혀 감이 안 잡히는데, 그냥 감독한테 전화해서 다른 사람 쓰라고 할까?' 하고요."

경지에 이른 대가들은 순조롭게 일찍 작업을 끝내고 쉬는 시간을 가질 것만 같았는데 그게 아니었나 봅니다. 그들도 작업하는 것을 고통스러워하고, 게다가 마감이 가까워 왔는데도 완성을 못 해서 괴로워한다니 놀라웠습니다. 저렇게 잘하는 사람도 힘들어하는데, 나 같은 '쪼렙'이 마감을 앞두고 괴로워하는 것은 당연한 거라는 생각이 들며 마음이 편안해지더라고요.

제가 하는 일이 저에게만 어려운 것이 아니라 누구에게나 어려운 것이라는 생각이 들면 마음이 한층 놓입니다. 지금 자연스레 되는 일 중에서 예전엔 어렵기만 했던 일이 많은 것처럼, 모든 일은 서툴고 힘든 과정이 있음을 항상 염두에 두며 힘을 빼고 시작해봅시다.

발전은
선형적이지 않다

저는 미대를 가기 위해 중고등학교 때 입시 미술학원에 다녔는데요. 그러다 보니 무엇인가를 반복해서 잘하게 되는 것에 익숙합니다. 무엇이든 시간과 노력을 일정 기간 익숙해질 때까지 투여해야 잘하게 된다는 것을 경험으로 익히게 됐죠. 제가 미술학원에 다닐 때는 '아그립파' '쥴리앙' '비너스' 같은 석고상을 하나씩 그려나가며 잘하게 되면 다음 단계로 넘어갔습니다. 처음에 그리는 석고상이 '아그립파'인데, 다 합쳐서 100장은 넘게 그렸던 기억이 납니다.

그림을 그리다 보면 잘 그려지는 날과 잘 그려지지 않는 날이 분명히 있긴 하지만, 안 되는 날이 계속되는 시기가 있습니다. 내 그림이 너무 못나 보이고 그 결과 절망하며 '내게 슬럼프가 왔구나'라고 인지하게 되죠. 이 슬럼프라고 말하는 시기는 정확히 말하면 나의 안목의 기준보다 나의 실력이 미치지 못하는 시기입니다.

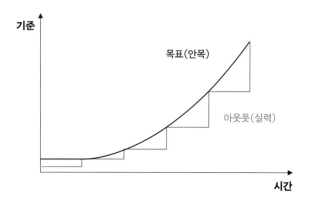

이렇게 되는 이유는 안목과 실력이 상승하는 속도가 다르기 때문입니다. 위의 그래프는 시간이 지나면서 나의 안목과 실력이 상승하는 것을 나타낸 그래프입니다. 그림을 보는 안목이 일직선에 가까운 포물선으로 상승한다면 그림 실력은 계단식으로 상승합니다. 실력이 계단식으로 상승한다는 말은 일리가 있습니다. 쭉 비슷한 실력으로 아웃풋을 내다가 임계점이 지나면 갑자기 점프하죠.

안목과 실력이 만나지 않는 그 사이의 구간이 슬럼프입니다. 슬럼프 시기에는 안목은 높아 이전에는 보이지 않던 나의 단점들이 눈에 보이지만 실력은 그것에 비례하지 않아 엄청나게 괴롭습니다. 이 시기를 탈출하기 위해서는 그저 '열심히' 하는 것으로는 소용이 없습니다. 내 그림이 왜 이런지를 연구하고 잘하는 사람들의 그림들을 따라 해보기도 하며 그다음 단계로 나아가야 합니다. 다른 사람들의 조언도 듣고, 그전에는 해보지 않았던 방법들을 하나씩 시도해보는 것입니다. 그러다가 우연히 잘 맞는 것이 얻어걸릴 수 있습니다.

세계적으로 유명한 베이시스트 앤서니 웰링턴Anthony Wellignton은 목표와 아웃풋이 일치하는 데 시간이 필요하다는 의미를 다음의 '숙련의 4단계'로 설명했습니다.

처음에 무엇인가를 시작할 땐 첫 번째, '무의식적 무능Unconscious Incompetence' 상태로 시작합니다. 안목도 낮고 실력도 낮아서, 자신이 얼마나 못하는지 알지 못합니다. 그래서 괴롭지 않죠. 조금 연습하다 보면 두 번째 단계인 '의식적 무능Conscious Incompetence' 단계를 마주합니다. 잘하기 위해 배울 게 많다는 것을 알게 되고 학습량에 압도됩니다. 가장 지난하고 실제로도 기간이 긴 단계로, 중도에 포기하기 쉽죠. 아마추어의 대부분이 이 수준에 머뭅니다. 자신이 무엇을 못하는지 알고 그 실력을 늘리고자 노력하는 시기입니다. 괴로운 만큼 중간에 발전할 경우 뛸 듯이 기쁩니다.

의식적 무능 단계를 전문가의 피드백을 받으며 꾸준히 노력했다면, 세 번째 단계인 '의식적 유능Conscious Competence' 단계로

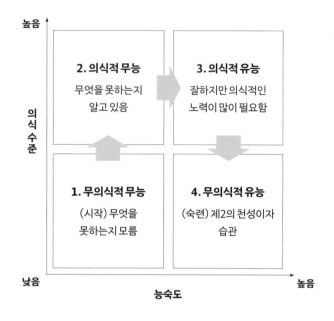

접어듭니다. 자격증 같은 공식 인증을 받거나 급여를 받고 무엇인가를 한다면 이 수준이 됩니다. 좋은 결과를 내기 위해 많은 노력을 쏟아부어야 하고 괴로운 순간도 있지만 다른 사람에게 보여주고 '잘한다'라고 인정받을 만한 아웃풋을 낼 수 있지요. 이 단계에서 계속 지속한다면 어떻게 될까요? '무의식적 유능Unconscious Competence' 상태가 됩니다. TV에 나오는 달인들이 이 상태겠지요. 무의식적인 단계까지 올라갔기 때문에 자연스러워서 옆에서 봐서는 굉장히 쉬워 보입니다. 하지만 막상 따라

하려고 하면 어렵지요.

무엇인가를 배우는 과정에서 괴롭지 않은 단계는 첫 번째와 네 번째, 즉 아무것도 모르거나 의식하지 않아도 잘하는 단계밖에 없습니다. 노력하고 발전하는 두 번째와 세 번째 단계는 힘든 게 당연합니다. 운전을 배울 때 처음에는 집중해도 잘 못하다가, 어느 정도 연습한 후엔 집중해서 운전을 하면 잘할 수 있게 되죠. 그러다가 나중에 운전에 익숙해지면 음악을 듣고 옆사람과 수다를 떨면서도 여유롭게 운전을 할 수 있습니다. 초보운전자들이 어려워한다는 차선 변경도 쉽게 가능하죠.

이것을 그림을 그리며 실력이 나아지는 단계에 대입해보면, 이 4가지 단계가 한 번만 있는 것은 아니었습니다. 입시 미술에는 많은 기술이 필요한데요. 학교와 학원 선생님의 피드백을 받으며 연습을 거듭하는 동안 그 기술들이 한 개씩 무의식에 새겨지며 노력하지 않아도 자동으로 잘하게 되었습니다. 나 자신은 인지하지 못하는 사이 기술이 점차 발전했죠. 아마 다른 공부나 기술도 비슷한 지점들이 있을 겁니다.

어떤 일이든 하는 도중에 슬럼프가 올 수 있습니다. 슬럼프가 왔다면 그만큼 내 안목이 높아졌다는 신호입니다. 지금의 슬럼프는 영원하지 않을 거란 사실도 기억하세요. 명절이 되면 경

부고속도로를 포함한 국내의 고속도로들이 마치 주차장을 방불케 할 정도로 막힙니다. 하지만 일시적인 현상으로 정체는 곧 풀리기 마련입니다. 슬럼프가 왔다는 것은 그 자체로 성장의 기로에 있음을 증명합니다. 내가 못나서 이런 시기를 겪는 것이 아니라 누구나 이런 시기를 겪는데 나는 그때가 지금일 뿐임을 잊지 않았으면 합니다.

가다 보면
또 다른 것이 보인다

준비가 완벽하지 않아도 시작해야 하는 이유 가운데 또 중요한 것이 있는데요. 해보면 또 생각했던 것과 다른 것이 보이고 예상보다 그런 점이 꽤 많다는 사실입니다. 그중 한 예시가 취업입니다. 이제는 점차 변화하는 추세입니다만, 우리는 조선 시대의 과거제도처럼 전문가가 되기 위해 자격증 시험 한 번으로 모든 것이 결정되는 고시제도와 공채제도에 익숙합니다. 예전에는 내가 있는 곳에서 목표가 일직선으로 보이고 그것을 이루면 이후에는 성공이 보장됐습니다. 이 방식의 약점은 그것을 위한 여러 가지 기회비용을 투자하는데도 불구하고 내게 안 맞을 가능성이 있다는 것을 간과하는 것입니다.

어떤 직업을 갖기 위해 오랜 시간을 투입해 노력해서 결국 그 직업을 갖게 되었다고 해도, 막상 일을 시작하면서 자신과 맞지 않는다는 사실을 깨닫게 되는 경우가 많습니다. 취업 플랫폼 사람인이 1,124개 기업을 대상으로 조사한 '1년 이내 조기 퇴사 현황'에 따르면, 신규 입사자 중 28.7%가 조기 퇴사한다고 합니다. 즉 신규 입사자 10명 중 3명이 조기 퇴사를 선택하는 것으로, 평균 5.2개월 근무하고 퇴사하는 것으로 나타났습니다. 직원들의 조기 퇴사 사유 중 1위는 '직무가 적성에 안 맞음'(45.9%, 복수 응답)이었습니다. 이처럼 자격증 시험 제도나 채용 제도는 우리를 '완벽주의'로 내모는 하나의 원인입니다. 무엇인가가 완벽히 준비되어야 시작할 수 있다고 생각하게 하죠. 하지만 스스로 생각하는 완벽함과 막상 실제 필드에서 통용되는 완벽함은 매우 다릅니다. 그러니까 시간을 들여 굳이 기준이 틀린 완벽을 위해 노력할 필요가 없다는 것이죠. 그것의 예가 특히 커리어인 것 같습니다.

　시험 합격이나 취업뿐만 아니라 우리는 무엇 하나만 달성하면 그 뒤로는 일사천리로 해결될 것 같은 망상에 사로잡혀 목표를 향해 매진합니다. 끝나면 다 잘될 거라고 생각하면서요. 하지만 실제로는 그렇지 않을 때가 많지 않나요? 그래서 무엇인가를 시작할 때, 70% 정도라도 준비가 되었다고 생각하면 일단 시작하면서 필요한 것을 발견하는 대로 추가하는 것이 좋다고 생각합니다. 일단 다 준비가 된 다음에 시작하면 너무 늦고요. 내가 예상했던 중요한 것들이 실제로는 중요하지 않을 수 있고 중요하지 않다고 생각했던 것이 의외로 엄청 중요할 수 있기 때문입니다.

우리는 무엇인가를 성실하게 '열심히' 하는 것을 큰 미덕으로 삼습니다. 하지만 방향이 틀렸는데 열심히 하면 힘만 빠져서 정말 중요할 때 힘을 못 쓰게 됩니다. 저는 방향만 맞으면 속도는 조금 늦어도 된다고 생각합니다. 제가 가장 좋아하는 말 중에 하나가 '부산으로 가려면 일단 남쪽으로 가면 된다'라는 말입니다. 물론 이 말은 부산보다 남쪽에 사는 사람들에는 해당되지 않겠지만요. 어떤 방향이든 가다 보면 목표가 점차 구체적인 모습으로 내게 다가오더라고요.

책 《다크호스》에 딱 그런 예시가 나옵니다. 이 책에는 등산로와 비슷한 그림이 나오는데요. 목표로 다가가는 과정은 등산로 지도를 그리는 것과 비슷합니다. 지도가 없을 땐 출발 지점에서 어느 경로로 가는 것이 가장 단시간에 정상에 도착하게 되는 방법인지 알 수 없습니다. 어느 정도 가봐야 어디로 가야 할지 좀 더 자세히 알 수 있죠. 우리가 쉽게 오해하는 게 있는데요. 목표는 고속도로처럼 목적지가 명확하게 보이지 않습니다. 현재 위치에서 좀 더 나에게 유리한 방향으로 한 발씩 내디딜 따름이죠.

모두의 상황과 재능이 각자 다 다르니, 각자 다른 목표를 향해 다가가는 지도를 그릴 수밖에 없습니다. 그래서 완벽하지 않더라도 일단은 시작하는 것이 중요합니다. 목표로 다가가는 와중에 더 많은 새로운 것들을 발견할 수 있으니까요. 예상과는 다른 것을 발견하게 될지 모른다는 것, 어떻게 보면 그게 인생의 묘미 아닐까요?

Chapter 2.

게으른 완벽주의를
타파하는 시작 공식

1단계.
미루고 싶은 감정을
컨트롤한다

게으른 완벽주의자들은 지나치게 가혹한 완벽이란 잣대를 들이밀며 자신을 괴롭힙니다. 마치 완벽이라는 이름의 가로등에 돌진해 스스로를 소진하며 불타버리고 마는 불나방처럼 말이죠. 게으른 완벽주의자들이 흔히 겪는 습관적인 사고 오류 중의 하나가 '나는 완벽해야 한다'와 '완벽하지 않으면 인정받을 수 없다'입니다.

이렇게 자신에게 가혹한 관점을 한번 살짝 바꿔볼까요? 자신을 평가할 때 마치 친한 친구를 대하듯 해보는 것입니다. 전 그런 제삼자의 따뜻한 관점으로 바라보니 작은 성취에도 칭찬하게 되고 실수에도 굉장히 너그러워지더군요. 불안에 떨며 게으르다는 핑계로 상황을 미루고 회피하는 저 자신을 늘 부족하다고 생각해왔는데요. 자신을 친구라고 생각하고 보니, 사회의 일원으로 긴 기간 동안 밥벌이를 하고 있고, 바쁜 시간을 쪼개 조금이나마 책을 읽고 강의를 들으며 자기계발을 하는 게 대견하게 느껴지더라고요. 취업을 못 할까 봐 걱정하던 시간도 잘 견뎠고, 서툴고 느려도 커리어를 차근차근 쌓아가며 계속 전진해 온 자신을 응원해주고 싶은 마음이 들었습니다. 지금, 가장 친한 친구를 바라본다고 생각하고 자신을 바라보세요. 아마 당연하다고 생각해온 사고방식에 의문이 들고 다시 생각하게 될 겁니다.

- **'나는 너무 부족하다.'**
- → '내가 생각했던 것보다 실제 나는 더 괜찮은 사람이다.'
- **'결과물이 완벽해야 해!'**
- → '완벽의 정의가 뭐지? 누가 기준을 세우는 거지? 왜 꼭 완벽해야 하지?'
- **'완벽해야 인정받을 수 있어.'**
- → '완벽하지 않아도 나 자체로서 존재가치가 있어. 그게 다는 아니야.'
- **'못하는 것을 다른 사람에게 들키고 싶지 않아.'**
- → '누구에게나 못하는 게 있고 잘하는 게 있어. 배우는 과정에서는 서툰 것이 당연해.'

인생은 길고, 나는 늘 나 자신을 데리고 다녀야 합니다. 가장 오래된 친구인 나 자신과 내가 살고 싶은 인생 방향대로 느리지만 제대로 가기 위해 마인드 세팅부터 다시 해볼까요?

비교를 멈추는 시간이 필요하다

게으른 완벽주의자들은 타인과 비교하지 않으려고 해도 자꾸만 비교하게 되며 열등감이 밀려옵니다. 마치 습관과도 같이 자연스럽게 다른 사람은 어떤지 살피게 되죠. 그런데 이 비교가 유전자에 심어져 있을 수도 있다는 생각 혹시 해본 적 있나요?

어릴 때 부모님에게 '○○네 아들 혹은 딸은 이번에 1등 했다더라' 류의 말을 대부분 들어보았을 거라 생각합니다. 부모들이 자식들의 성적이나 직장을 비교하는 것이 우리나라에서는 보편적이죠. 입학, 취업, 결혼, 출산 등이 인생의 필수요소 같이 여겨지며 명절마다 친척 어른들에게 질문 세례를 받는 것 또한 익숙한 풍경입니다.

다른 사람과 끊임없이 비교하는 버릇은 우리가 쌀 문화권에 속하기 때문이라는 이론도 있습니다. 쌀 문화권에서 평판을 중시하는 이유는 쌀 농업 자체가 집단주의적인 성격을 필요로 하기 때문입니다. 쌀은 모내기를 하는 봄부터 수확 전의 초여름까지 논에 계속 물을 대는 것이 중요한 관개농업입니다. 그리고 쌀을 수확하기 위해서는 일손이 많이 들기 때문에 '품앗이'처럼 서로의 도움을 받는 문화가 발달할 수밖에 없고 이를 위해서는 평판이 좋아야 했습니다. 반면에 밀을 주식으로 하는 서양에서는 노동력이 많이 필요하지 않아 다른 사람의 이목을 신경 쓰지 않는 개인주의 문화가 발달했고요. 《생각의 지도》에는 동양과 서양의 이런 사고방식 차이에 대해 자세히 나와 있습니다.

무엇인가를 하는 과정에서 비교는 필수불가결할 수 있습니다. 하지만 우리 모두 장점과 단점이 다른 존재들입니다. 타인과 비교한다는 것은 마치 토끼와 거북이처럼 다른 종류의 동물을 비교하는 것과 같습니다. 각자의 상황과 장점이 다르기 때문에 비교가 무의미합니다. 땅 위에서는 거북이보다 토끼가 훨씬 빠를지 모르지만, 토끼는 거북이처럼 물속에서 헤엄칠 수 없습니다. 게다가 우리는 타인이 목표를 성취하는 과정에서 실제 어떠한 노력을 했고 어려움을 겪었는지 알기 힘듭니다. 따라서 우리가 무엇인가 성취하려고 노력할 때 비교할 대상은 과거의 자신밖에 없습니다.

다른 사람과 비교하며 얻는 것은 열등감이나 우월감입니다. 이 둘은 동전의 양면이고 결국은 자신에게 유해합니다. 끊임없는 열등감이나 우월감으로부터 자유로워지려면 어떻게 해야 할까요? 우선 비교 자체를 하지 않는 시간을 가지는 것부터 시작하기를 권합니다. 간헐적 단식처럼 '간헐적 무비교 상태'를 음미하는 것이죠. 사소하게는 지나가는 사람들의 외모부터 SNS 속 사람들의 좋아 보이는 순간들 등 눈에 보이는 것들을 평가하는 버릇을 모두 관두고, 비교하지 않는 상태를 유지하는 것입니다. 학습이나 업무 상 비교가 꼭 필요할 때도 있겠지만 그 외에는 멈춰봅시다. 만약 힘들다면 조금씩 시간을 늘려보세요. '앞으로 한 시간 동안은 비교나 판단을 멈춰야지' 이렇게요.

혹시 주변의 너무 실력이 뛰어난 동료 때문에 스트레스를 받는다면 '회사에서 해줄 수 있는 최고의 복지는 똑똑한 동료'라는 사실을 기억하고 동료의 장점을 스펀지처럼 흡수하기를 권합니다. 1~2년이 지난 후 당신은 다른 존재가 되어 있을 거예요. 참고로 이직이 필요한 순간 중 하나가 '그 회사에서 내가 제일 똑똑할 때'입니다. 그때가 가장 위험한 순간이거든요.

나의 결과물은 내가 아니다

게으른 완벽주의자들이 미루게 되는 원인 중 하나는 결과물이 좋지 않아 다른 사람들의 인정을 받지 못할까 봐 두렵기 때문입니다. 문제는 자신의 아웃풋을 나와 지나치게 동일시하는 것입니다. 안 좋은 피드백을 들으면 기분 나쁜 정도가 아니라 자신이 쓸모없게 느껴질 정도로 자학이 심합니다. 자신이 무능하면 사회에서 가치가 없고 버림받게 될 거라는 무의식적인 잘못된 믿음이 있습니다.

이 두려움의 원인에는 2가지 종류가 있습니다. 첫 번째, 어렸을 때 무엇인가를 잘못하고 좋은 결과를 내지 못해 꾸중을 심하게 들었던 경험이 트라우마로 남은 것일 수 있습니다. 촌철살인 육아상담으로 유명한 오은영 박사는 아이를 훈육할 때 '결과'보다 '노력'을 위주로 칭찬해야 한다고 강조했습니다. 그런데 우리는 대체로 좋은 결과를 내야 칭찬을 받았죠. 높은 점수, 좋은 대학 합격, 유명한 회사 취업을 해야 칭찬을 받고 인정을 받았습니다.

두 번째 원인으로는 인정욕구가 다른 사람보다 유달리 강한 것일 수 있습니다. 인정욕구가 강한 사람은 자기 표현의 욕구가 강하다고 합니다. 예술가들은 자의식이 강하고 그것을 어떤 방식으로든지 표현하는 사람들이죠. 우리 같은 평범한 사람들은 직장에서 일로 자신을 표현하고 인정받으려고 합니다. 누구든 칭찬받으면 기분 좋지만, 특히 게으른 완벽주의자들은 칭찬에 다른 사람들보다 좀 더 집착합니다.

게으른 완벽주의자들은 자신의 이상보다 자신이 할 수 있는 일의 수준이 낮은 것을 괴로워하여, 미루다가 막판에 밤을 새우는 등 무리를 하거나, 단계별로 가볍게 넘어갈 것까지 지나치게 신경 쓰느라 마감을 어기고는 합니다. 모든 일을 다 내 노력의 200%를 갈아서 할 수는 없습니다. 시간과 에너지가 한정되어 있으니 물리적으로 불가능합니다.

매일 할 수 있는 최선은 다릅니다. 매번 100점을 맞을 수는 없어요. 나의 컨디션과 그날 외부 환경에 따라서 결과는 달라질 수 있습니다. 그러니 마음에 안 드는 결과로 마음이 상해도 오늘은 오늘의 최선을 다했다고 생각하며 자신을 용서하고 받아들이세요. 인생은 결국 개별적인 내 선택과 행동들의 총합이니 전반적인 결과물을 차차 나아지게 하면 됩니다. 우리에게는 아직 많은 날이 있습니다.

자아 성찰이라고 착각하는 자기 학대

보통 사람들도 자신의 실수를 돌이키며 이불킥을 하지만 게으른 완벽주의자들은 그 정도가 심합니다. 다른 일을 하다가도 문득 자신의 실수로 타인에게 창피를 당했던 기억이 떠올라 괴롭습니다. 후회되는 기억들이 꼬리에 꼬리를 물며 이어져 생각에 압살당해 생산적인 활동을 지속하기가 힘듭니다.

이런 수치심과 죄책감의 사이클에서 벗어나려면 어떻게 해야 할까요? 첫 번째로는 과거에 자신이 한 결정과 행동을 믿고 당시에는 그것이 최선이었다는 것을 받아들이고 용서하는 것입니다. 자신을 스스로 너무 괴롭히면 정신적 에너지가 쓸데 없는 곳에 지나치게 쓰여서 나아가기 힘듭니다.

두 번째로 나의 이전 행동들이 아쉽고 후회가 된다면 그 과정에서 경험한 생각과 감정들을 눈으로 볼 수 있도록 적어보세요. 억울하고 원망스러운 감정들을 아무도 보지 않는다고 생각하고 솔직하게 털어놓으세요. 그리고 시간이 흐른 뒤에 일기를 다시 한번 보면 다른 사람의 관점에서 객관화하는 것을 도와줍니다. 당시에는 폭발할 것 같았던 감정이 잦아들고 조금 다른 객관적 시선으로 자신을 관찰할 수 있습니다. 눈에 보이지 않는 감정을 시각화하는 작업은 감정을 객관화하여 감정의 늪에서 빠져나오는 데 큰 도움이 됩니다.

자아 성찰용으로 감정을 적을 때 주의할 점은, 처음엔 나의 관점에서 속에 있는 솔직한 감정을 있는 그대로 쓰고, 다시 일기를 읽으며 지난 감정을 살펴볼 때는 자신이 영화 속 주인공이라고 생각하고 객관적인 시선에서 보는 겁니다. 적고 나서 다시 보니 내가 했던 행동이 그렇게나 큰일이었나요? 내가 그렇게 죽을죄를 지었나요? 행위를 스스로 했다고 생각하면 모든 게 마치 확대경을 대고 보는 것처럼 과장되게 느껴집니다. 이제 적어놓은 감정 중에서 사실인 것과 허구인 것을 구분하여 다른 색 펜으로 위에 표시(예를 들어, 사실은 네모, 허구는 동그라미로)해 실제가 아닌 인지적 오류를 구분합니다. 그 후 타인에게 조언해준다고 생각하면서 어떻게 하면 개선할 수 있는지 적어보세요.

감정을 있는 그대로 적고 회고할 때, 원망스러운 상황이나 사람이 있을 수 있습니다. 내가 완벽하지 않은 것처럼 타인도 완벽하지 않습니다. 모든 사람에게서 인정을 구하지 말고, 그 사람은 그 사람의 갈 길을 가고 나는 내 갈 길을 가면 된다고 생각하세요.

자아 성찰은 정해진 시간에 몰아서 하길 권합니다. 자신의 후회되는 행동들이 갑자기 생각날 때, 생각 속에 파묻혀 헤엄치지 말고 얼른 나오세요. 그리고 꼭 적어서 보는 행동과 결합해서 하세요. 안 좋은 과거 기억을 곱씹고 거기에서 헤어나올 수 없는 이유는 생각이 객관화되지 않았기 때문입니다.

인생은 초점을 어디에 맞추느냐에 달려 있다

인생은 집중하는 방향대로 흘러가게 됩니다. 관성대로 부족한 나에게 초점을 맞추는 것이 아닌 이제껏 잘해온 나에게 집중해보세요. 숱한 자기 불신에도 불구하고 이렇게 지금까지 버텨온, 끊임없이 나아지려고 한 자신에게 칭찬 한번 해주세요. 이 책을 펼친 것만으로 당신은 대단한 사람입니다. 포기하지 않고 지속적으로 앞으로 나아가는 자신에게 너그러워집시다.

게으른 완벽주의자들은 회사에서 오늘의 할 일 10개 중에서 7개를 완성했다면 못 한 3개에 더 집중해서 괴로워합니다. 회사에서 갑자기 급한 일이 터져서 정말 중요한 몇 가지 일만 하고 나머지는 못 한 경험 다들 있지 않나요? 그래도 하루는 지나갑니다. 우선순위에 따라서 한다면, 그날 해야 할 일을 다 하지 못했다고 큰일 나지 않습니다.

인생의 초점을 바꾸는 방법으로 많은 성공한 사람들이 '칭찬 일기' 쓰는 것을 권합니다. 칭찬 일기의 가장 큰 목적은 자신이 받은 좋은 것들에 집중하여 두뇌회로를 감사하는 방향으로 바꾸는 것이죠. 내가 무엇인가를 사고 싶을 때면 어디서든 그 물건만 보이는 경험 다들 해보지 않았나요? 유행하는 운동화든, 최신형의 자동차든 말이에요. 칭찬 일기를 계속 쓰다 보면 '내가 이미 가진 것들'에 초점을 맞추게 되어 결과적으로 내게 유리한 기회도 더 잘 보이고 더 잘 찾게 된다고 합니다.

<u>의식적으로 초점을 나의 부족한 면에서 내가 해내고 가진 것</u>
<u>으로 옮겨보세요.</u>

- 불만 → 감사
- 비판 → 칭찬
- 내가 부족한 것 → 내가 잘하는 것
- 나를 싫어하는 사람 → 나를 좋아하는 사람

초점이 달라지면 같은 사물이지만 다르게 보입니다. 평소 우
리는 관점에 대해 말할 때 '물이 얼마큼 남았느냐'에 관한 비유
를 자주 드는데요. 관점에 따라서는 같은 종류의 물이 아니라
아예 다른 사물로 보일 수 있습니다. 위 그림처럼 같은 원통인

데도 보는 방향이 어떠냐에 따라 한 사람은 사각형으로 보고 한 사람은 원으로 보는 것처럼요.

지금 느끼는 걱정은 사실이 아니다

무엇인가 안 좋은 기억이나 감정에 휩싸여서 상황을 객관적으로 보기 힘들었던 기억이 있으신가요? 부정적인 감정은 머릿속에 사이렌처럼 울려서 온통 신경을 집중시킵니다. 왜냐하면 우리는 과거 원시인의 두뇌를 가졌기 때문에 일상에서 부딪치는 모든 문제를 '생존'과 연결하는 습성이 있기 때문입니다. 이렇게 두뇌 편도체에 빨간불이 들어온 상태에서는 문제가 해결되기 전까지 마치 어린아이가 우는 것처럼 두뇌에서 오로지 그 문제에만 집중하게 합니다.

최악의 상황을 먼저 가정하고 걱정부터 하는 습관은 당신만 그런 것이 아닙니다. 한국보건사회연구원에서 대한민국의 12세 이상 1만 명을 대상으로 정신적 습관 유형 조사를 한 결과에 따르면 인지적 오류의 비율이 90%가 넘었습니다. 10명 중에 9명은 인지적 오류의 습관을 갖고 있는 것이죠. 게으른 완벽주의자들이 갖고 있는 생각은 대부분 사실이 아닌 '인지적 오류'에 해당합니다. 인지적 오류란 나의 행동이나 주변에서 일어난 사건을 부정적으로 왜곡하여 받아들이는 사고방식을 뜻합니다.

미국의 인지심리학자 아론 벡Aaron Beck은 정신건강에 영향을 미치는 인지적 요인을 크게 3가지로 나누었는데요. 그중 하나가 인지적 오류입니다. 인지적 오류 중에 가장 흔한 것은 흑백논리적 사고All or Nothing Thinking입니다. 자신의 성취를 '성공' 아니면 '실패'로 평가하거나 다른 사람의 반응을 '칭찬' 아니면 '비난'으로 해석하며 그 중간의 회색지대를 생각하지 못합니다. 다른 사람의 기준에 맞춰 '성공'하지 못했다면 시작도 안 하는 게 낫다고 생각합니다. 주변에서 제가 본 예시로는 수업에 지각할 것 같으면 아예 결석하거나 공책에 오타가 생기면 그 페이지를 찢고 아예 새로 쓰는 사람도 있었습니다. 이처럼 흑백논리적 사고의 예시는 다양하고 그 여파가 부정적입니다.

시험이나 사업에 몇 번 실패한 사람이 자신은 '어떤 일에서든' 노력에 상관없이 '항상' 실패하게 될 것이라고 믿는다면, 과잉일반화Overgeneralization의 예시입니다. 과잉일반화란 특수한 상황의 경험으로부터 일반적인 결론을 내리고 무관한 상황에서도 그 결론을 적용시키는 오류를 뜻합니다.

게으른 완벽주의자들은 성공 경험은 축소하고 실패 경험은 확대해서 해석하는 경향이 있는데요. 이것은 정신적 여과Mental

Filtering에 해당합니다. 예를 들면, 발표를 한 상황에서 대다수의 청중들이 긍정적인 반응을 보였음에도 불구하고 부정적인 반응을 보인 소수의 청중에만 선택적으로 주의를 기울여 자신의 발표를 실패한 것으로 평가하고 낙담하는 것입니다. 조그만 실수에도 낙담하며 자신을 평가절하하는 경우도 있는데요. 이는 잘못된 명명Mislabelling에 해당합니다. 한 주 열심히 근무해서 피곤해 토요일에 늦잠을 잤는데 "나는 쓰레기"라며 기분이 안 좋아져서 그날 하루를 망쳐버리는 것을 예로 들 수 있죠.

벡은 자신의 인지적 치료를 다음과 같이 설명했습니다.

"우리는 잘못된 인지를 통해서 정서와 만난다. 잘못된 신념을 고침으로써 지나치게 부적합한 정서적 반응을 제거하거나 변화시킬 수 있다."

걱정은 대부분 실제 일어난 일이 아니라 미래에 일어날 수도 있는 일에 불과하지만 다 나름의 이유가 있습니다. 걱정을 느낀다면 그 감정의 소리를 무시하지 말고 잘 들어주고 걱정 리스트를 적어서 무엇인지 명확히 해주세요. 걱정은 두더지 잡기 게임처럼 누른다고 사라지지 않습니다. 계속 튀어나오죠. 걱정을 인정하고 바라본 후에 진짜가 아니라면 내 반응을 바꾸면 됩니다.

대책을 세우고 행동하거나 그럴 수 없다면 행동을 유보했다고 인식해보세요. 행동하지 않는 것도 또 하나의 선택이 될 수 있습니다. 단, 내가 그 선택을 했다는 것을 인지하고 있어야 합니다.

2단계.
나에게 맞는 완벽을
찾는다

혹시 후회에 2가지 종류가 있다는 말 들어보았나요? 심리학자 김정운 박사에 따르면 '하지 않은 행동에 대한 긴 후회'와 '한 행동에 대한 짧은 후회'가 있다고 합니다. 결국 죽기 전에 가장 후회가 되는 것은 하지 않은 행동에 대한 후회라고 해요. 게으른 완벽주의자는 실패할까 봐 두렵기 때문에 시도하는 횟수가 적습니다. 만약 하기 싫더라도 해버린다면 나중에 긴 후회가 아닌 짧은 후회가 남겠죠. 둘 중 어느 것을 선택할 건가요?

저 역시 게으른 완벽주의자 기질이 있지만, 안 해보면 죽을 때 후회할 것 같아서 시도해본 것들이 있습니다. 이러면 후회가 남지 않더라고요. 회사에서 업무를 할 때도 제 의견이 많이 반영됐다면 결과가 기대만큼 좋지 않아 상사에게 깨지더라도 해볼 만큼 해봐서 후회가 없었습니다. 사람들이 회사를 다니며 가장 힘들 때는 본인의 의견이 묵살되고 상사가 시키는 대로 했는데 결과가 안 좋아서 본인 책임이 되는 경우더라고요.

완벽의 기준을 세울 때는, 나를 아무도 모른다고 생각하고 오로지 자신만을 위한 결정을 내려야 합니다. SNS에 자신의 성과를 전시하지 않는다고 생각해보세요. 내가 진짜로 원하는 것은 무엇일까요? 이를 위해서는 '나 자신'을 알아야 합니다. 또한 '나의 목표'와 내가 '어디까지 노력'할 수 있는지, 내가 원하는 '삶의 방식'은 무엇인지도 정의해야 합니다. 내가 삶에서 중요하게 생각하는 요소는 무엇일까요? 나의 기준을 세우기 위한 단계들을 같이 살펴보겠습니다.

'나'라는 산에 맞는 나만의 지도 만들기

진짜 내가 되고 싶은 모습을 찾고 나의 기준을 바로 세울 때 먼저 해체해야 할 고정관념이 있습니다. 우리는 학교 성적을 1등부터 마지막 등수까지 줄 세우는 것에 익숙합니다. 회사에서도 피라미드식으로 대표부터 사원까지 서열화되어 있습니다. 결혼정보회사에 따르면 심지어 결혼할 때도 등급을 매깁니다. 그래서 내가 피라미드를 이루는 하나의 육면체 돌덩이와 같다고 생각하기 쉽습니다.

사회에서 정한 기준은 이런 것이죠.

"학교는 적어도 인서울 4년제는 나와야지."

"회사는 웬만하면 대기업에 들어가는 게 좋지. 첫 직장이 얼마나 중요한데."

"결혼하려면 아파트 전세는 구할 수 있어야 하지 않나."

나의 위치나 현재 상황과는 무관한 기준입니다. 이걸 따르려다 보니 처음부터 너무 무겁게 느껴져서 시작을 할 수조차 없습니다. 젊은이들 중에서 삼포세대, 사포세대라는 말이 괜히 나온 것이 아니죠.

이렇게 내가 피라미드의 일부이고 서열화되어 있다고 생각하면 꼭대기에 올라가야 합니다. 최상층에 있는 사람만 승리자이고 나머지는 모두 실패자가 되어 버립니다. 이렇게 피라미드식으로 자신을 평가하면 시험 점수나 인사 고과 같은 다른 사람의 기준으로 나를 평가할 수밖에 없습니다. 여기는 제로섬Zero-sum게임의 세상입니다. 다른 사람과 동시에 이기는 것이 불가능합니다. 누군가가 이긴다면, 누군가는 져야 합니다. 거기에서 나와야 진짜 내게 맞는 기준을 세울 수 있습니다.

실제 완벽에 대한 기준과 모습은 다 다릅니다. 우리나라에 있는 수많은 산 정상의 모습이 모두 다른 것처럼요. 우리는 모두 각자 모양이 다른 산에 비유할 수 있습니다. 산은 저마다 고유의 아름다움을 가지고 있고 정상에 올라가는 방법도 다릅니다. 산마다 다른 등산로를 가지고 있듯이, 나라는 사람의 특성에 맞추어 내가 만들 판을 선택할 수 있습니다. 이 세계는 윈윈Win-win 게임의 세상입니다. 내가 이긴다고 다른 사람이 지지 않습니다. 책《부의 추월차선》에 나온 소비자가 아닌 생산자의 관점이 이 관점입니다. 유튜브나 웹툰 같은 콘텐츠의 세계가 예시입니다.

　2021년 윤여정 배우가 〈미나리〉로 오스카 여우조연상을 수상했을 때 "나는 경쟁을 믿지 않는다. 다섯 명의 후보들이 다 다른 역할을 다른 영화에서 해냈기 때문에 경쟁이란 있을 수 없다"라고 수상소감을 말한 것 기억하나요? 같은 이치입니다. 산을 오를 때 트레이닝이 필요한 기술들이 있다면, 본인 수준에 맞추어 연마하면 됩니다. 보통 문제집을 살 때 자신의 수준에 맞춰서 사는 것처럼, 내게 맞는 완벽을 찾는 것이 중요합니다. 차이점이라면 문제집은 과목이 정해져 있지만 우리는 과목 자체도 '나'라는 산에 맞추어 정해야 하죠.

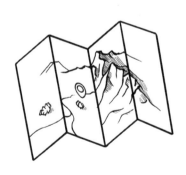

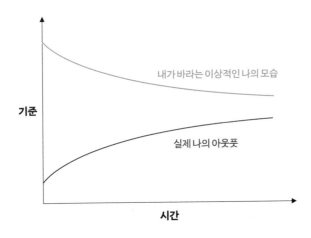

이렇게 보면 삶이라는 것은 나라는 산의 지형도를 찾아 등산하는 여정인 것 같습니다. 나에게 무엇이 가장 맞는지 살펴보고, 내게 맞는 목표를 세우고, 그 목표를 달성하기 위한 것들을 하나씩 해나가야 하는 것이죠. 나라는 사람이 누구이며 내가 원하는 것은 무엇인지 성찰하는 과정은 무척 중요합니다. 그래야 방향을 잃지 않고, 진심을 담아서 꾸준히 노력할 수 있습니다.

또한 이상의 수준도 적정하게 잡을 필요가 있습니다. 게으른 완벽주의자들은 현재 내가 할 수 있는 것에 비해 이상이 너무 높습니다. 게으른 완벽주의를 벗어나기 위해서는 나에 대한 기대치를 내 특성에 맞게 바꾸면서 동시에 아웃풋을 조금씩 늘려가는 게 좋습니다. 이상이 지나치게 높았던 이유는 아직 해보지 않았기 때문입니다. 실제로 해보면서 기준을 점차 내게 더 맞고 현실과 가깝게 수정할 수 있습니다.

마지막으로 나의 위치를 파악해야 합니다. 모든 지도에는 '나의 위치You are here'가 있습니다. 나의 위치를 제대로 알아야 그 다음 어디로 가야 할지 알 수 있습니다.

- 첫 번째, 나라는 산의 특성과 정상의 모습을 그려본다.
- 두 번째, 그 산에서 나의 위치를 파악한다.
- 세 번째, 내게 맞는 적당한 방법과 속도에 맞추어 산을 오른다.

흔히들 "로또에 당첨되면 뭐 할 거야?"라는 질문을 농담으로 많이 합니다. 인생에서 가장 먼저 하고 싶은 게 무엇인지 나의 욕구를 파악할 수 있는 좋은 질문이죠. 하지만, 평소 우리는 내가 원하는 모습을 구체적으로 그려놓지 않았기 때문에 그 질문에 '집 먼저 사야지' '여행 갈 거야' 같은 다소 뻔한 답밖에 내놓지 못합니다. 내가 원하는 것을 깊이 생각해보지 않았다면 목표도 '좋은 학교 입학하기' '부모님이 자랑할 수 있는 직장에 취직하기'처럼 추상적인 경우가 많습니다.

진짜 나의 최종 완성형 모습은 뭘까요? 이를 위해서는 평소 내가 부러워하고 동경하는 사람을 찾아보면 됩니다. 저는 창작하는 직업을 가진 사람이 그렇게 부럽더라고요. 그렇다면 그것에서 실마리를 얻어서 시작할 수 있습니다. 이런 목표가 없다면 '건강'이나 '승진'처럼 일반적인 목표로 시작해도 좋습니다. 그것을 해나가면서 진짜 자신의 목표를 발견하는 계기가 될 수 있습니다.

나는 어디까지 노력할 수 있는 사람인가?

나를 알고 나만의 목표를 세우는 것이 노력의 방향을 설정하는 것이라면, '어느 강도로 얼마나 시간을 투입할 것인가'는 속도를 결정합니다. 노력할 때는 방향과 속도 모두 중요합니다. 방향이 틀리면 원하는 곳에 도착하지 못하고 속도가 적당하지 못하면 지속할 수 없기 때문이죠.

노력은 지속성이 핵심입니다. 모든 사람에게 최선의 정도는 다르기 때문에, 어떤 사람은 에너지와 시간을 많이 투입하여 KTX처럼 빠르게, 어떤 사람은 체력이 낮고 투입할 수 있는 시간도 적어 자전거를 타듯 느리게 갈 수밖에 없습니다. 인천에서 부산까지 자전거로 국토 종주를 하는데 3박 4일에서 4박 5일 정도면 가능하다고 합니다. 방향만 맞다면 느리더라도 목적지에 다다를 수 있습니다.

우리가 작심삼일이 되는 이유는 처음에 자신의 열정을 과대평가하여 빨리 지치기 때문입니다. 노력을 지속하기 위해서 처음에는 에너지를 조금 쏟고 익숙해짐에 따라 차근차근히 투입량을 늘려야 합니다. 처음 새 차를 사면 기분이 좋아서 최고 속도로 달리고 싶지만, 차를 길들이기 위해 주행거리 2,000km까지는 급가속·급제동을 삼가하며 조심히 운전해야 합니다. 처음 목표를 실천할 때도 기분이 들떠서 자신이 할 수 있는 최대치를 하고 싶어 하지만 자신의 최선을 측정할 때까지는 무리하지 말아야 합니다.

노력에 영향을 미치는 변수는 체력, 나이, 그날의 컨디션 등 많습니다. 자신의 최대치를 확인한 뒤에도 지속적으로 조정할 필요가 있습니다. 내가 140km/h로 달릴 수 있는 자동차라고 하더라도 매일 그렇게 달리면 연비가 좋지 않습니다. 중요한 일을 앞두고는 내가 할 수 있는 150%의 노력을 하더라도, 그 후로는 휴식을 갖고 다시 노력을 지속할 수 있는 자신만의 최대치로 되돌아와 지속해야 합니다.

일할 때는 과도한 추진력을 발휘하여 피곤함을 느끼지 못하지만 가족같이 가까운 사람과 있을 때 짜증이 늘거나 혼자 있을 때 무의욕이 지속된다면 조심해야 합니다. 열심의 속도를 줄이고 자신을 돌보는 시간을 가져야 합니다. 힘듦을 견딜 수 있는 역치는 어디까지인지 확인한 뒤에는 꼭 조정해야 합니다. 고무줄을 계속 당기면 어느 정도까지는 늘어나지만 그 이상부터는 끊어져버리니까요.

우리가 게으름이라고 착각했던 것들이 사실은 번아웃일 수 있습니다. 번아웃을 알리는 신호들에 유의하세요. 월요병 수준이 아니라, 출근길이 너무 고통스러워서 차라리 사고가 났으면 좋겠다는 생각이 들거나, 이전에는 쉽게 하던 일인데 최근에는 너무 어렵게 느껴진다면, 잠을 너무 못 자고 몸무게가 급격히 줄어든다면 번아웃을 알리는 신호이니 각별한 주의가 필요합니다.

"한계가 있고 휴식이 필요한 것은 죄악이 아니다. (…) 피곤하고 소진된 사람들은 내면의 악인 '게으름'과 싸우고 있는 게 아니다. 그보다 기초적인 욕구를 가진 것을 비난하는, 요구가 과도하게 많은 일중독 문화에서 살아남기 위해 발버둥 치는 것이다."

《게으르다는 착각》 중에 나온 말인데요. 꼭 유념하셨으면 좋겠습니다.

삶의 필수 요소는 지킬 것

집안 정리를 할 때 미니멀리즘을 제대로 실천하는 방법으로 우선 서랍을 다 비우고 실제 사용하는 물건으로만 서랍을 채워 넣는 방식이 있다고 합니다. 그렇게 되면 내가 쓸 것이라고 예상했던 물건을 남겨두는 것이 아닌 실제로 사용하는 물건만 남기고 나머지 물건은 버릴 수 있게 됩니다. 또 한동안 일주일에 하루 정도는 소비를 아예 안 하는 무지출 데이가 유행했는데요. 이때도 역으로 내가 필수적으로 중요하게 생각하는 소비가 무엇이었는지 깨닫게 됩니다. 예를 들어 돈을 아끼려고 커피를 마시지 않았는데 무지출 데이가 반복되다 보니 내 삶에 커피가 너무나 중요하다는 것을 깨닫는 계기가 될 수 있죠.

목표를 이루기 위해 매진하다 보면 원래 달리 쓰던 자신의 시간을 아껴서 목표에 투입하게 됩니다. 그러다 보면 운동 같은 중요하지만 당장은 빼도 티가 안 나는 일정들이 빠지며 애써 잡아놓았던 루틴이 무너집니다. 그렇게 반복하다 보면 어느새 '중요하지만 급하지 않은' 것들은 모두 삶에서 빠져 있고 '중요하지 않지만 급한' 것들로 삶이 꽉 차게 됩니다.

혹시 좋아서 꼭 사수하는 일상의 루틴이 있으신가요? 목표가 생기면 루틴 안에는 의무뿐만이 아니라 자신이 좋아하는 일도 포함시켜야 노력을 오래 지속할 수 있습니다. 저는 아침 산책과 인터뷰 읽기가 제 삶에서 꼭 필요한 요소입니다. 회사 일로 바빠서 6개월간 아침 산책을 못 한 적이 있었는데요. 그랬더니 6개월 후에는 정신적 압박을 컨트롤할 수 있는 힘이 무척이나 약해지더라고요. 당시 야근이 많은 직종 특성상 새벽에 일어나 1시간 이상씩 산책하기는 힘들어서, 대신 출근길에 지하철역까지 20분 정도 시간을 내서 산책을 했습니다. 그것만으로도 어느 정도 숨통이 트이는 느낌이 들더라고요.

나의 상태를 좋게 유지하는 것은 목표 달성에 큰 도움을 줍니다. 당신에게는 그것이 무엇인가요? 한번 시간을 내서 찾아보세요. '잘하는 것을 더 잘하게' 만드는 데 밑바탕이 되니 시간을 내어 실천해야 합니다.

나를 위로해주는 장치들을 미리 알고 있으면 세상을 살아나가는 데 필요한 나만의 무기가 생긴 느낌을 줍니다. 저는 마음이 힘든 날이 누적되면 너무 바쁘더라도 시간을 내어 대형서점에 들릅니다. 일단 서점에 들어가서 책들에게 둘러싸인 순간 마음이 마구 위로가 되고요. 서가를 둘러보며 요즘 유행하는 책은 뭐가 있는지, 어떤 책이 흥미로운지 살펴봅니다. 그리고 마지막에는 마음에 드는 책 한 권과 문구점에서 산 아름다운 노트들과 펜들을 한아름 들고 나오죠. 상상만으로도 마음이 뿌듯해지는 순간입니다.

내가 선을 긋는 대로 달라지는 나의 한계

'코이의 법칙Koi's Law'이라는 것을 혹시 들어보았나요? 이전부터 제게 굉장히 위로가 되어준 법칙입니다. 늘 성장이 힘에 부칠 때 이 법칙을 되새기며 버텼어요. 관상어 중에서 '코이Koi'라는 잉어는 비밀이 하나 있는데요. 어항의 크기에 따라서 자라는 크기가 달라진다고 합니다. 작은 어항에서는 5~8cm로 자라고, 그보다 큰 연못에서는 15~25cm로 자란다고 합니다. 만약 경계가 없는 강에 풀어진다면? 자신의 원래 크기인 90~125cm의 대어로 자란다고 해요.

코이가 이렇게 환경에 따라서 크기를 조절할 수 있는 것은 자신이 있는 물의 양과 고여 있는 정도에 따라서 성장억제 호르몬을 분비하기 때문이라는군요. 저는 사람도 이와 비슷하다고 봅니다. 환경에 따라서 우리는 무의식적으로 자신이 성장할 수 있는 한계선을 그어버립니다. 그래서 자신이 속한 곳의 크기를 넓히는 것이 성장할 수 있는 방법 가운데 하나라고 생각합니다. 저는 예전에 회사를 다니며 이런 생각을 종종 했습니다. '이 어항보다 훨씬 큰 사람이 되자.' 저의 장점을 계속 갈고 닦아 뾰족하게 만든다면 주머니 안의 못처럼 어쩔 수 없이 튀어나오는 시기가 있을 거라고 생각하며 성장하는 시기를 버텼습니다.

성인이 외국어를 배울 때 고충은 내 생각은 복잡하고 입체적인 데 비해 입으로 할 수 있는 말은 너무 단순하다는 차이에 있습니다. 내가 아는 것과 할 수 있는 것의 간극 때문에 괴롭죠. 하지만 어설픈 자신을 받아들여야 자신의 세계가 좀더 확장되는 기쁨도 찾아옵니다.

최고가 된 나만이 존재 의미가 있는 것은 아닙니다. 각각의 발전 단계별로 의미가 있습니다. 여름에 올라간 체온을 떨어뜨리기 위한 장치에는 선풍기와 에어컨이 있습니다. 종류도 목에 거는 초소형부터 책상 위에 놓는 스탠드형 선풍기, 바닥 위에 놓는 대형 선풍기, 방 하나에 쓰는 벽걸이형 에어컨, 거실에 놓는 스탠드 에어컨, 천장에 있는 시스템 에어컨까지 정말 다양합니다. 하지만 출력이 적다고 쓸모가 없지 않고 각각의 역할이 있습니다. 현재 내가 할 수 있는 실력과 처해 있는 환경 내에서 최고로 큰 사람이 되면 되지 않을까요? 그렇게 실력을 키우면서 차차 나의 출력을 높이면 됩니다.

3단계.
두뇌를 속여
바로 움직이게 한다

몸의 컨디션이 안 좋을 때 평소 같았으면 그냥 넘어갔을 일에도 짜증을 낸 경험 한 번쯤은 있지요? 왜냐하면 전두엽이 파업에 들어갔기 때문입니다. 감정 조절도 전두엽의 영역입니다. 특히 계획과 학습 및 통제를 담당하는 두뇌의 전두엽과 전전두엽은 몸의 컨디션에 영향을 크게 받는 기관입니다.

우리 두뇌는 가성비가 안 좋은 기관입니다. 무게는 몸의 2%밖에 차지하지 않지만 혈액의 산소 소비량은 신체의 20%를 차지할 정도라 두뇌 입장에서는 게으를 수밖에 없죠. 그래서 일이 작고 쉬워 보여야 수월하게 시작할 수 있습니다. 되도록 두뇌를 많이 써야 하는 복잡하고 처음 하는 일들은 오전 시간에 하는 게 좋다고 하는 이유는 전두엽이 생생하게 활기차기 때문입니다. 그 외에도 두뇌의 특성을 활용하여 지속적으로 성장할 수 있는 방법을 알아보겠습니다.

시작의 부담감을 없애는 방법

학창 시절에 과제를 미루면서 불안해했던 기억, 누구에게나 있을 것입니다. 게으른 완벽주의자들에게 할 일은 실제보다 크고 무겁게 느껴집니다. 실제 할 일보다 인정받고 싶은 마음, 잘해야 한다는 압박감, 완성에 대한 부담 등 여러 가지 부정적인 감정 때문에 할 일이 부풀어져 보이기 때문입니다. 시험이나 마감 같은 중요한 프로젝트, 가족 행사 등 할 일이 쌓이고 밀리면 상황에 압도되어 무엇부터 시작해야 할지 모르게 됩니다.

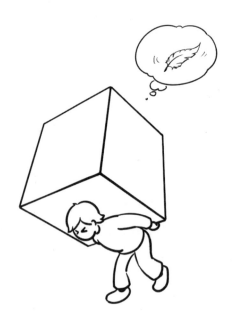

사고가 멈추는 것은 내가 감당할 수 없을 것 같기 때문입니다. 이것은 극단적 공포 반응으로 사슴 같은 야생동물이 고속도로에서 갑자기 멈춰서 로드킬을 당하는 경우와 같은 이유입니다. 우리는 위기 상황에서 투쟁, 도피 혹은 경직 반응Fight, Flight or Freeze Respond의 3가지 중 하나를 보이는데, 상대편과 투쟁하거나 도망가지 못하는 상황에 닥치면 겁에 질려 긴장성 부동 상태인 경직 반응을 보입니다. 내 할 일이 커 보이고 시작할 엄두가 안 나는 것은 원시인인 내가 커다란 곰을 만났을 때와 비슷한 신체 반응입니다.

이런 극단적인 스트레스 상태에서 벗어나려면 어떻게 해야 할까요? 지나치게 크게 느껴지는 할 일을 내가 상대할 수 있도록 만만하게 감자칩처럼 얇게 쪼개봅시다. 그 후에 내가 할 수 있는 것은 한 번에 한 가지 일뿐이라고 인정하고, 일을 시작합니다. 할 일 목록을 쪼개서 에너지가 많을 때라면 가장 어려운 일부터, 에너지가 적은 상태라면 그중에서 가장 쉬워 보이는 것부터 해봅니다. 무엇인가를 시작해서 집중하기 시작하면 걱정에 몰입하기 힘듭니다. 자, 시작을 쉽게 하는 방법에 대해 좀 더 알아봅시다.

불안을 인정한 후 어설프더라도 일단 할 것

하버드 대학교에서 행복 심리학을 가르쳤던 탈 벤 샤하르Tal Ben-Shahar 박사는 다음과 같이 조언합니다.

"고통과 불안함을 느끼지 못하는 사람들은 딱 두 종류입니다. 사이코패스거나 죽은 사람들이죠. 그걸 극복하려고 하기보다는 그런 불안과 긴장을 흐르게 두면 극복할 수 있습니다."

특히, 탈 벤 샤하르 박사가 말하는 부정적인 감정을 다루는 방식이 인상적인데요. "중력이 없는 월드컵, 올림픽을 생각해보세요. 중력은 이 게임의 일부입니다. 마찬가지로 부정적인 감정 또한 인간 본성의 한 부분입니다. 감정을 있는 그대로 받아들이고 극복하려고 하지 않는 것이 중요합니다." 고통과 불안감은 중력처럼 우리가 살아 있는 동안은 느낄 수밖에 없는 감정이고, 일부러 없애거나 할 수 없습니다.

자신에게 적절한 수준의 불안도를 넘어서면 제 기량을 발휘하기 힘든데요. 프로 선수들은 경기 전에 자기 암시, 심상 훈련, 인지 재구성 등으로 스트레스를 다스린다고 합니다. 자기 암시는 대략 2가지 종류입니다. 첫 번째는 '잘하지 않아도 된다'라고 자신의 마음을 안심시키는 것입니다. 2020년 도쿄올림픽 여자 양궁 종목에서 3개의 금메달을 목에 건 안산 선수는 개인전 후 인터뷰에서 "그냥 '쫄지 말고 대충 쏴'라고 생각했다"라고 전했습니다. 두 번째는 '나는 이 경기를 위해 충분히 훈련했고 준비가 되어 있어'처럼 막연하지 않은 근거 있는 응원입니다. 스스로에 대한 자책이나 비난은 좋지 않은 결과로 이어질 뿐입니다. 평소 불안이 올라올 때, 심호흡이나 스트레칭, 명상도 이완하고 수행능력을 높이는 데 크게 도움이 되죠.

우리도 운동선수처럼, 일을 시작하는 것이 힘들 때 자기 암시를 해보면 어떨까요.

- 아직 준비가 덜 되었어. 좀 더 준비할 시간이 필요해. (X)
- 아직 준비가 덜 되었어. 일단 어설프더라도 시작하면서 뭐가 필요한지 봐야겠어. (O)

준비가 다 될 때까지 기다리지 말고 일단 시작하고, 잘하는 것보다는 완성하는 것에 초점을 맞추는 것입니다. 특히, 게으른 완벽주의자들은 평가받는 것을 두려워하는데요. 학교 다닐 때 결과물이 마음에 안 들어 과제를 완성해놓고도 제출하지 않은 경험이 있는 이들이 꽤 많습니다. 일단, 내 마음에 들든 아니든 제출하는 연습을 해봅시다. 회사를 다닐 때는 깨지더라도 미리 깨져야 수정할 시간이 있습니다. 뭔가가 잘 안 되고 있다면 상사에게 보고를 하고 피드백을 받아서 일단 기한 내에 완성하는 습관을 들여봅시다.

하기 싫을 때는 준비만 해도 괜찮다

미루다가 막판에 시작하는 이유 중에는 자신의 정확한 능력치와 걸리는 시간을 제대로 계산하지 못하는 것도 있습니다. 이때는 완벽이 아니라 완성을 목표로 하여 시간을 잡아봅니다. 물론 95점은 되어야 만족하겠지만 75점 정도로 한다고 생각하고 '완벽'이 아닌 '시간 내 완성'을 목표로 하여 기준을 잡읍시다. '일단 다 하고 시간이 남으면 수정해도 된다'라고 생각하고요.

그래도 하기 싫다면 준비만 해봅니다. 우리는 '준비'만 할 것입니다. 시작하지 않을 거예요. 책의 목차를 만들 듯이 해야 할 것을 가볍게 적어봅니다. A4용지를 여러 번 접어서 칸을 만들고 채우는 방법도 있습니다. 그렇게 적은 뒤에는 또 다른 A4용지를 꺼내서 앞서 종이에 적은 할 일 중 먼저 할 순서대로 적어봅니다. 동그라미나 화살표를 활용하여 그림처럼 그리면 더 생각이 잘 납니다. 각각의 상황을 상상하여 필요한 자원과 각 단계당 걸릴 시간도 계산해봅니다.

예를 들어, 유튜브 채널을 만들기로 했다고 가정하고 이 상황에 맞춰 할 일을 정해보겠습니다. 첫 번째, A4용지에 적어볼 할 일은 유튜브 계정 만들기, 계정 이름과 콘셉트 정하기, 서칭하여 벤치마킹할 계정 3개 정하기, 유튜브 관련된 책 3권 보기, 온라인 강의 듣기, 첫 영상 만들기, 썸네일 만들기, 이후 영상 목록 만들기 등이 있겠죠.

두 번째는 위에 적은 리스트 중에서 항목별로 드는 시간과 순서들을 정리해보는 것입니다. 예를 들면, 계정 이름과 콘셉트를 정하기 위해서는 먼저 내가 할 수 있는 이야기들이 정리가 되고 그것들이 트렌드와 맞아야 합니다. 이를 위해서는 시장조사와 기획요소 고민이 함께 이루어져야 하겠죠. 이렇게 각각 그 중에서 머리를 많이 써서 시간을 내야 하는 기획과 같은 일과 서칭이나 도서 구매처럼 짬짬이 쉬는 시간에 할 수 있는 일들을 분리해놓습니다. 이렇게 해놓으면 약간 하고 싶다는 생각이 들 수 있습니다. 할 수 있을 것 같으면 의욕이 생기니까요.

할일1	할일2	할일3	할일4
할일5	할일6	할일7	

깃털처럼 마음 가볍게 시작하는 시스템 만들기

할 일을 가볍게 쪼개서 시작을 쉽게 하려 했지만 그럼에도 시작하기가 힘들면 어떻게 해야 할까요? 〈TV 동물농장〉 프로그램의 한 장면을 떠올려 봅시다. 동물을 구하려면 일단 먹이로 유인하여 포획을 해야 합니다. 우리도 자기 자신을 유인하기 위해서 좋아하는 일을 해야 할 일 입구에 두면 좋습니다.

예를 들어, 운동을 시작한다면 내 페이스컬러에 맞는 멋진 색과 몸매를 보완해주는 멋진 디자인의 운동복을, 글쓰기를 한다면 최신 유행의 아름다운 노트북을, 일기를 쓴다면 글이 자꾸 쓰고 싶어지는 예쁜 디자인의 일기장과 필기감이 좋은 고급스러운 펜을 장만해봅니다. 그리고 하기 전에 이것을 사용하여 자기발전을 하는 '멋진 나'를 상상해봅니다.

이렇게 유인에 성공했으면 그다음에는 해당하는 장소에서 나를 포획합니다. 운동을 한다면 집에서 가까운 피트니스 센터에 등록해 일단 갑니다. 집에서 글쓰기가 힘들다면 근처 분위기가 차분하고 일할 맛이 나는 카페에 갑니다. 우리만 집에서 글쓰기가 힘든 것이 아닙니다. 〈기생충〉으로 아카데미 감독상을 탄 봉준호 감독도 하루에 카페를 세 곳이나 옮겨 다니며 시나리오를 썼다고 합니다. 조앤 롤링이 〈해리포터〉 시리즈를 집필할 때 카페에서 쓴 것은 워낙 유명하죠?

일단 장소에서 포획된 뒤에는 한두 시간이라도 무조건 할 수밖에 없습니다. 해당 장소와 집의 가장 큰 차이라면 '침대'가 없습니다. 피트니스 센터에 가면 스트레칭이라도 할 수밖에 없고, 카페에 가면 당장 글은 못 쓰더라도 글감 찾기라도 할 수밖에 없습니다. 그 장소에 가면 '운동 모드'나 '글쓰기 모드'처럼 해당하는 '모드'가 작동합니다. 일단 그렇게 되면 시작은 성공한 것입니다.

앞의 내용을 다 실행해도 일을 미루고 싶을 때가 있죠? 그럴 때는 '일 모드'를 만들어보세요. 일하는 시간과 장소와 배경음악 등을 정해두고 늘 똑같은 환경에서 일을 시작하면 무의식적으로 '이 환경에서는 꼼짝없이 일해야 하는구나'라고 생각하게 됩니다. '파블로프의 개' 실험에서 쓰인 종소리처럼요.

저는 일할 때 듣는 음악이 정해져 있습니다. 아이디어 구상할 때, 목차 만들 때, 목차에 살을 붙일 때 듣는 음악이 다 다릅니다. 대부분 가사 없는 음악을 듣지만, 일에 속도가 붙었을 때는 기계적인 음악을 듣습니다. '일할 기분'을 내는 저의 루틴은 아래와 같습니다.

- **1단계.** 이전에 했던 자료들을 본다: 의외로 잘한 내 결과물에 감탄하며 자신감을 충전한다.
- **2단계.** 아이돌 안무 영상을 본다: '이 사람들도 이렇게 열심히 하는데 나도 힘내야지'라는 생각에 의욕이 차오른다.
- **3단계.** 노동요를 틀고 좋아하는 음료를 앞에 둔다: 개념을 만들 때는 빗소리나 화이트 노이즈를, 문장을 쓸 때는 라흐마니노프의 '피아노 협주곡 2번'을, 목차에 살을 붙일 때는 NCT127의 '영웅英雄; Kick It'을 즐겨 듣는다.
- **4단계.** 일을 시작한다.

부자들이 돈을 관리하듯 시간을 관리하라

독특한 세계관으로 주목을 끈 〈인 타임In Time〉이라는 영화가 있습니다. 가까운 미래가 배경인 이 영화에서는 모든 비용이 시간으로 계산됩니다. 물건을 결제할 때 마치 카드를 대듯 왼쪽 손목에 새겨진 '카운트 바디 시계'를 대어 계산합니다. 커피 한 잔은 4분, 회사에서 집에 가는 버스는 2시간, 고급 스포츠카는 59년입니다. 카운트 바디 시계의 남은 시간이 0이 되면 바로 죽습니다.

이 영화에서 부자와 빈자는 행동만 보아도 구분할 수 있습니다. 부자는 행동이 매우 여유롭습니다. 절대로 뛰지 않습니다. 부자는 몇 대에 걸쳐 쓸 수 있는 시간이 있기 때문이죠. 가난한 사람은 시간이 부족해서 늘 뛰어다닙니다. 말 그대로 하루 벌어 하루 먹고삽니다. 이들에게는 내일이 사치품입니다.

저는 일 잘하는 사람들에게서도 비슷한 느낌을 받았습니다. 분명 할 일이 많은데도 태도가 긍정적이고 여유로워 보입니다. 협업도 매끄럽고, 메일이나 메신저 피드백도 바로 해줍니다. 여유가 있으면 시야가 넓어서 아이디어도 더 잘 떠오르고 결과도 좋습니다. 일 잘하는 사람은 마치 수납이 잘 되어 깔끔한 집처럼 할 일이 머릿속에 잘 정리되어 있습니다. 자기객관화가 되어 있어 일에 대해 자신이 할 수 있는 것과 필요한 것이 무엇인지 잘 알고 있습니다. 일이 구조화되어 있고 캘린더나 메모 앱 등에 정리가 잘되어 있어 몰아치는 일에 휘둘리지 않을 수 있습니다.

우리에게 주어진 대표적인 자원은 시간, 돈, 건강(체력)입니다. 모두에게 주어진 절대 시간은 같습니다(물론 시간과 돈에 어느 정도 상관관계가 있어 시간 대신 돈을 쓰면 이동시간을 절약할 수 있고 집안일을 외주 줄 수 있긴 하죠). 중요한 것은 시간을 어디에 어떤 방식으로 쓰느냐입니다.

일을 미루지 않고 시간을 쓸 수 있는 방식 중에 하나는 이 시간으로 나는 어떤 감정을 얻고 싶은지 자문하는 것입니다. 운동하러 가기 싫은 날에는 운동이 끝난 후의 감정인 '뿌듯함'을 느끼겠다고 결심하고 한 시간 뒤의 나에게 감정이입합니다. 미래의 나와 가깝게 느낄수록 일을 미루는 습관이 줄어듭니다.

이제 시간을 어떻게 관리하면 좋을지 한번 알아볼까요?

시간을 라벨링해서 할 일 동선 짜기

시간의 질은 같지 않습니다. 우리는 평소 메일은 자동 분류해서 나누면서 가장 중요한 시간은 구분해서 사용하고 있지 않습니다. 시간도 분류하여 라벨링하면 시간의 질에 따라 더 효율적으로 사용할 수 있습니다. 우리는 보통 메일에 라벨링을 해서 뉴스레터나 스팸을 자동으로 분류되게 한다거나 영화에 별점을 매겨서 볼지 말지를 정합니다. 급여도 통장 나누기를 해서 자동으로 각기 다른 통장에 송금되도록 하는 게 유명한 재테크 팁 중에 하나지요.

집을 지을 때 동선을 중요하게 생각하는 것처럼 시간도 동선이 활용되면 더 효율적으로 사용할 수 있습니다. 인테리어 프로그램에서 화장실, 세탁실, 옷방이 이어져 있는 집을 본 적이 있는데요. 일반적인 집은 세탁실과 옷방이 멀리 떨어져 있지만 이 집은 외부의 일을 마치고 집에 돌아오면 옷을 벗고 샤워 후에 바로 다른 옷을 갈아입고 벗은 옷은 바로 세탁할 수 있도록 동선이 편하게 이어져 있어, 집주인이 매우 만족감을 드러냈습니다.

밥 먹을 때도 전채요리부터 디저트까지 순서를 따져 먹는데 주어지는 시간은 그냥 생각 없이 쓴 게 아닐까요? 두뇌는 마치 컴퓨터가 켠 직후 가장 빠르고 갈수록 느려지는 것처럼 아침에 일어난 직후가 가장 생산성이 높고 시간이 갈수록 낮아집니다. 특히 퇴근 후에는 기획적인 사고를 하기 어렵습니다.

이처럼 주어진 시간을 한번 파헤쳐서 라벨링을 하고 시간의 동선을 짜보면 어떨까요? 아래는 예시인데요. 대략적으로 머리 쓰는 일은 일과 시간 전에, 몸 쓰는 일은 일과 시간 후에 하면 좋습니다. 가장 두뇌가 활성화되고 다른 사람의 방해가 없는 황금시간을 찾아서 가장 중요한 일을 지속적으로 하면 탁월한 효과를 발휘합니다.

새벽	에너지 레벨 최상	방해 없음 : 중요하고 미래를 위한 일 → 고요히 집중하는 시간
아침	에너지 레벨 높음	창의적인 일, To Do List 상위 일 → 프라임 워크 시간
오후	에너지 레벨 중간	집중력 낮음 : 회의 진행, 약속 조정 → 소통을 위한 시간
저녁	에너지 레벨 낮음	손발을 활용한 반복적인 일 → 프로세스 가동 시간
밤	에너지 레벨 최하	피로도 높음 : 휴식하고 잠잘 준비하기 → 충전을 위한 시간

시간 자체의 효율을 생각해 시간에 맞는 행동을 해봅니다. 학교 다닐 때 보면 공부 잘하는 친구들은 공부가 잘되는 장소와 시간, 방법을 알고 그대로 실천하더라고요. 아침에 고요하고 맑은 마음을 위해 집 뒤 산책로를 잠깐 걸을 수도 있고요, 밤에 에

너지 충전을 위해 좋아하는 만화책을 볼 수도 있습니다. 아침과 밤에는 되도록 스마트폰 알림을 꺼놓고 자신만을 위한 시간을 가지도록 합니다. 방해받지 않고 통으로 쓸 수 있는 시간이 있어야 질 높은 집중과 휴식을 할 수 있습니다.

이렇게 일간 단위 시간을 라벨링한 것처럼 주간과 월간 단위로도 라벨링을 할 수 있습니다. 토요일 오전은 휴식을 위한 날로 일부러 늦잠을 계획할 수도 있고요. 사우나나 스파 같은 휴식 장소를 골라서 자신에게 선물할 수도 있습니다. 토요일 오후부터 저녁은 사교를 위한 시간, 일요일 오전은 자기계발을 위한 시간으로 서점을 들르고, 일요일 오후는 한주의 먹거리 준비와 집 청소를 위한 시간으로 정할 수도 있겠죠. 대략적으로 실천하는 항목들에 이름표를 붙이고 가장 최적의 시간대와 장소를 선별하여 목적을 실천해보세요.

이 방법을 확장하면 분기와 연간 단위로도 적용할 수 있습니다. 3월, 6월, 9월, 12월 말에는 미용실에 가고 2월, 5월, 8월, 11월에는 옷 정리를 하는 식으로, 장기적인 관리를 할 수도 있습니다. 먼저 짧은 단위로 하는 것에 익숙해진 뒤에 차차 단위를 늘리며 자신에게 맞는 시간 라벨링을 해보세요.

안전한 데드라인을 위한 시간 계산법들

우리는 무엇인가 하기 위해 시간을 계산할 때 긍정회로를 돌리는 경향이 있습니다. 약속장소에 갈 때 길이 안 막히는 등 변수가 최소화된, 최단 거리 이동으로 시간을 계산하는 경우가 많습니다. 그러면 당연히 그날의 상황에 따라 조금 늦게 도착하겠지요. 그래서 약속을 잘 지키려면 시간을 넉넉히 잡고 출발해야 합니다. 어떤 사람은 15분 정도 더 미리 출발한다고도 합니다. 그렇다면 미팅이 아니라 데드라인이 있는 일의 경우는 어떨까요?

예전에 수입 인테리어 자제를 다루는 분께 대리석이 의외로 잘 깨져서 실제 필요분의 120%를 예산으로 잡아야 100%에 맞출 수 있다는 이야기를 들었습니다. 이 이야기를 듣고 무릎을 탁 쳤습니다. 소요 시간을 계산할 때도 미리 스페어 시간을 계산하여 늦어질 때의 당황스러움을 방지해야 합니다. 일 자체를 하는 시간뿐만 아니라 이동시간이나 일하기 모드가 되는 데까지 걸리는 시간까지 포함해 1.5배 정도로 잡아야 합니다. 그리고 주중에 못할 일이 발생할 경우를 대비해 주말 반나절 정도는 아예 비워놓고 그 주에 못했던 일을 하기도 해야겠죠.

이를 위해 가장 좋은 방법은 할 일을 쪼개어 각각의 단위의 데드라인을 잡는 것입니다. 배의 침몰을 방지하기 위한 장치인 '수밀 격벽Watertight Bulkhead'과 비슷합니다. 배는 외부가 부서졌을 때 침수를 일부분에 그치게 하기 위해 내부를 여러 칸으로 나눌 수 있는 벽을 설치해놓는데, 이를 수밀 격벽이라고 합니다.

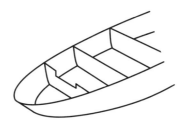

예를 들어 제안서를 만든다고 하면 해야 할 항목인 1) 자료조사, 2) 목차 및 뼈대 만들기, 3) 내용 쓰기, 4) 이미지 구성요소 채우기, 5) 폰트 및 디자인 다듬기, 6) 고유명사, 숫자, 오타 점검하기 등에 각각의 데드라인을 실제 워킹데이 기준으로 세워봅니다. 피상적으로 예상시간을 적는 것이 아니라 캘린더를 보며 혹시 다른 일정이 있는지를 확인하면서 실질적으로 가능한 날짜와 시간을 적습니다. 그리고 추가로 각 마디에서 집중해야 할 것과 주변에 협업이 필요한 것, 시간을 아끼기 위해 필요한 것을 생각해서 적어봅니다.

이런 방식이 마감에 닥쳐서 하는 것보다 좋은 점이 3가지 있는데요. 첫 번째, 커다란 데드라인이 잘게 쪼개지며 부담감이 나누어지고, 구체적인 할 일이 머릿속에 그려지면서 시작을 더 빨리 할 수 있습니다, 두 번째, 협업이 필요한 사항이 있을 때 갑작스럽게 요청하는 것이 아니라 미리 요청함으로써 스케줄링에 도움이 됩니다. 세 번째, 미리 전체의 데드라인을 알 수 있어서 주변인들과 종료 예상 일정을 조정할 수 있습니다.

흩어지는 시간을 묶어서 용도별로 사용하기

퇴근하고 집에 돌아와 소파나 침대에 누워 스마트폰으로 유튜브 영상을 조금만 본다는 것이 길어져서 두세 시간이 훌쩍 지나버린 경험, 있지 않나요? 이렇게 긴 시간 영상을 볼 줄 알았다면 차라리 개운하게 씻고 편한 옷으로 갈아입고 맥주라도 여유롭게 마시며 그동안 보고 싶었던 영화를 한 편 보는 게 나았을 텐데, 노는 시간을 제대로 못 쓴 것이 억울하게 느껴지기도 합니다.

5~10분의 자투리 시간은 목적 없이 흩어지기 쉽습니다. 짧은 시간이라서 귀하게 여기지 않고 사용하게 되는 것 같아요. 10분 내외의 시간을 의도적으로 잘 사용하면 생활의 질이 높아집니다. 출근 준비할 때 바빠서 옷을 이리저리 늘어놓는 습관이

있다면, 10분만 빨리 준비해서 퇴근했을 때의 방의 모습이 만족스럽도록 물건들을 제자리에 정리해놓고 출근합니다. 퇴근했을 때도 빨리 눕고 싶은 마음을 잠깐만 멈추고 재빨리 씻고 옷을 갈아입습니다. 저는 피곤해서 화장도 안 지우고 누워 있다 깜빡 잠들어서 새벽에 깨서 씻고 다시 잔 적이 많았는데요. 이것만 지켜도 아침 컨디션이 더 좋아지더라고요.

이동시간은 효율적으로 사용할 수 있는 가장 좋은 시간입니다. 출근 시간은 하나의 주제를 가지고 지속적으로 생각하는 시간으로 정하면 좋습니다. 예를 들어, 요즘 가장 관심 있는 주제가 커리어라면 내가 원하는 커리어에 대해 생각하고 스마트폰으로 검색해서 자료를 스크랩하는 시간으로 보내는 것입니다. 이때 발견한 링크들을 '구글 킵' 같은 생산성 툴을 이용해 북마크 해놓거나 '카카오톡 내게 보내기'로 보내놓아도 좋습니다. 퇴근 시간은 일하느라 수고한 자신을 위해 웃기고 재미있는 유튜브 영상을 보는 시간으로 지정해놓고 죄책감 없이 보낸다거나 생필품 쇼핑처럼 긴 생각이 필요 없는 시간으로 보내도 좋겠습니다.

이동시간처럼 운동 시간도 다른 것을 하기 좋은 시간입니다. 저는 산책할 때 자기계발 유튜브 영상을 소리만 듣거나 이북의

읽는 기능을 사용해 듣습니다. 하지만, 온전히 자연에 집중하고 싶을 때는 모든 소리를 다 끄고 자연에만 집중합니다. 아침의 새소리를 들으면 저절로 스트레스가 사라지는 것처럼 느껴집니다.

회사에서는 이렇게 시간을 묶어서 사용하는 것이 암묵적으로 정해진 경우가 많습니다. 월요일과 수요일에는 회사 내부의 회의를 하고 화요일과 목요일에는 외부 미팅을 하는 식이죠. 아침에 그날 할 일을 보고하는 시간을 제외하고는 오전에는 각자 중요업무를 하고 오후 2시 이후 협업을 위한 회의를 하는 것처럼 말입니다. 10분만 미리 하면 회사에서도 편해지는 일이 있는데요. 전날 그날 일을 정리하며 내일 할 일을 미리 해야 하는 순서대로 적어놓고 퇴근하는 것입니다(저는 해당하는 업무 페이지까지 아예 띄워놓고 컴퓨터를 잠자기 모드로 해놓습니다). 이렇게 하면 다음 날 업무를 파악하고 준비하는 시간이 확 줄어들어 바로 업무에 몰입할 수 있습니다.

지속 가능한 성장은 균형으로부터

제가 예전에 통번역대학원 입학 준비로 영어학원을 다닌 적이 있는데요. "우리가 영어를 자유롭게 하지 못하는 것은 그만큼 인풋이 부족하기 때문"이라는 강사의 말이 기억에 남았습니다. 아무리 영어 글쓰기를 교정해가며 아웃풋을 잘 내려고 해보았자 쓸 수 있는 어휘나 표현이 적으면 한계가 있다고요. 그래서 중요한 것이 받아쓰기Dictation라고 했습니다. 수업 전에 과제로 영어뉴스 오디오 파일을 공유해주면, 학생들은 먼저 듣고 받아쓰기를 해서 내용을 파악했습니다. 받아쓰며 무슨 문장인지 파악하는 과정에서 자동적으로 여러 번 듣게 되는데, 이때 인풋이 많아집니다. 수업 중에는 다 같이 영어뉴스를 듣다가 강사가 지목하면 방금 들은 문장을 한국어로 이야기했습니다. 그러기 위해서는 머릿속에서 내용을 요약하면서 흐름을 따라가야 했어요. 수업 후에는 중요 문장을 외우면서 인풋을 했습니다.

인풋과 아웃풋, 일과 휴식, 배움과 일은 동전의 양면과 같아 함께 있어야 양립할 수 있습니다. 일 안에서의 인풋과 아웃풋의 균형도 중요합니다. 회사에서 회의를 하는데 새로운 아이디어가 잘 떠오르지 않는다면 요즘 업계 현황이나 트렌드들이 업데이트가 안 되어서 아이디어의 재료가 부족한 것일 수 있습니다. 세미나나 강의 등 바쁘게 배우며 인풋은 많은데 실력이 부족하다고 느낀다면, 그것을 자신의 것으로 정리하여 세상으로 내놓는 아웃풋 작업을 등한시했을 수 있습니다. 아웃풋의 질을 높이고 싶다면 양을 늘리며 다양하게 시도하는 것이 최선의 방법입니다.

워라벨도 나의 특성과 시기적 특수성에 따라서 다르게 적용이 되어야 합니다. 일에 대한 욕심이 있고 배우는 시기라면 평일에는 어느 정도 휴식을 내려놓고 공부하는 자세로 시도하는 양을 늘려야 하고요. 다년간 실력이 축적되어 아웃풋에 자신감이 생긴 상태라면 퇴근 후에는 체력을 회복하는 시간을 가지며 어떻게 자신의 실력을 효율적으로 쓸 수 있을지 고민해야 합니다. 혹시 이전과 다르게 아침에 일어나는 것이 싫고 예전보다 부쩍 무기력해졌다면 지나치게 야근이나 주말근무를 하진 않았는지 살펴보세요. 무엇이든 현상에는 그 이유가 있습니다. 자신의 체력적 한계를 파악했다면 그 선 안에서 일하고 무리하지 않아야 길게 갈 수 있습니다.

인풋과 아웃풋이 공존하는 성장

동물이 태어나서 성장하는 방식은 크게 두 종류로 나눌 수 있습니다. 하나는 포유류처럼 몸의 중심에 뼈가 있고 그 주변을 장기와 살이 감싸서 서서히 성장하는 방식, 나머지 하나는 갑각류처럼 부드러운 살을 딱딱한 껍데기가 감싸고 있고 주기적으로 탈피를 통해 성장하는 방식입니다. 포유류는 표면의 살이 약하지만 상처받기 쉬운 만큼 재생할 수 있는 시스템을 체내에 가지고 있습니다. 반면에 갑각류는 딱딱한 부분이 외피에 있는 만큼 평소에는 잘 다치지 않지만 탈피 과정에서 목숨을 잃을 확률이 높습니다. 예를 들어 바닷가재는 탈피 도중에 10~15%가 지쳐서 목숨을 잃고 탈피 직후에 얇아진 껍데기 때문에 천적의 먹이가 되기 쉽다고 합니다.

그럼에도 바닷가재는 자연사하지 않습니다. 놀랍게도 말이죠. 이유는 일반적인 생명체는 염색체의 양 끝에 있는 텔로미어라는 DNA 말단 영역이 세포분열을 할 때마다 점차 짧아지며 결국 없어져 자연사에 이르게 되는데요. 바닷가재에는 텔로미어가 짧아지지 않도록 하는 텔로머레이스라는 효소가 있어 죽지 않고 지속적으로 성장합니다. 크기가 커지는 만큼 탈피도 계속해야 하죠. 나이 들수록 껍데기도 두꺼워져 그만큼 탈피 자체가 힘들어지지만 말입니다.

만약 주기적으로 탈피를 해야 하는 바닷가재가 탈피를 미루면 어떻게 될까요? 낡은 외피에 세균 등이 침투하는 오염에 취약해져서 결국 죽게 된다고 합니다.

저는 이 두 종류의 생존은 결국 얼마나 자주 피드백을 받아들이고 성장하느냐에 달려 있다고 느꼈습니다. 다치고 상처가 나더라도 성장을 위한 피드백을 지속적으로 받고 성장할 것인가, 아니면 피드백 받는 것을 미루고 성장하지 않을 것인가, 어떻게 생존할 것인가의 문제로 말입니다.

10년차 무명배우가 출연했던 〈무엇이든 물어보살〉 유튜브 영상의 댓글이 화제가 된 적이 있습니다. 그 무명배우는 10년 동안 차비가 없어 하루에 10km를 걸어다니는 고생을 하며 오디션을 보았지만 탈락해서 상업영화에는 출연하지 못했고, 주변에 선배가 없어서 도움을 받지 못했다며 눈물을 보였습니다. 연극영화과를 졸업했지만 돈이 없어서 연기학원을 다니지 못했다는 주인공의 사연에 조언과 응원의 댓글이 많이 달렸습니다. 그중 가장 많은 지지를 받은 댓글이 화제가 되며 인터넷 커뮤니티와 뉴스로 재생산되었습니다. 저도 느끼는 바가 많았는데요. 그 댓글의 골자는 다음과 같았습니다.

"어떤 직업군이든 다 그렇지만 특히 예술 분야가 이런 상태가 되기 너무 쉽고 무섭습니다. '가능성이 있는 상태'에 중독될 수가 있습니다. 사연자분이 '배우가 될 가능성이 있는 상태'에 머무르고 자신의 능력을 객관적으로 평가받는 것을 애써 피하는 것입니다. 평가받았다가 '배우가 될 수 없는 사람'이 되어버리는 것보다, '가능성이 있는 상태'가 편안하기 때문입니다. 성공하는 사람들이 자신의 부족함을 인정하고 부딪히고 깨지면서 성장해나가는 데 비해 가능성에 중독된 사람들은 상처받지 않기 위해 도전도 안 합니다. 연기, 그림, 글쓰기를 못하는 것에 직면하는 것이 죽기보다 싫은 것입니다. 수능, 고시, 자격증 시험에 매달리는 사람들, 자꾸 전공이나 직업 바꾸는 사람들 상당수가 '가능성이 있는 나'에 중독된 사람들입니다. 본인이 죽을 각오로 노력해서 빠져나가야 합니다. 배드엔딩이든 새드엔딩이든 결말이 있어야 영화가 끝이 납니다."

이 사연자는 10년간 연기를 했다고 했습니다. 매일 5시간 월요일부터 금요일까지 10년간 연습했다고 하면 무려 13,000시간입니다. 전문가가 되는 기준 시간으로 생각하는 1만 시간을 훌쩍 넘었죠.

그렇다면 사연자의 10년과 성장하는 사람의 10년은 무엇이 다를까요? 혼자서 아무리 열심히 해보았자 전문가의 피드백이 없으면 노력이 빛을 발휘하지 못합니다. 《1만 시간의 재발견》에서는 '의식적인 노력'과 '전문가의 피드백'의 중요성을 강조합니다. 위의 그림처럼 좋은 연기 기술을 인풋하고 자신만의 것으로 체화해서 아웃풋으로 적용하고 그것을 전문가에게 피드

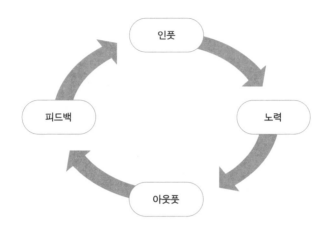

백 받고 다시 인풋으로 이어지는 연습이 함께 뒷받침되어야 제대로 성장할 수 있었을 것입니다.

내 머릿속에 좋은 것만 넣기

출퇴근 길에 지하철에 탄 다른 사람들의 스마트폰을 의도치 않게 보게 될 때가 있습니다. 대부분 SNS를 훑어보거나 동영상 감상 혹은 게임을 하는 것을 보게 됩니다. 우리는 맛있는 음식과 내게 어울리는 감각적인 옷에 쓰는 신경만큼 두뇌에 들어오는 정보의 질에는 신경 쓰지 않는 것 같습니다. 스마트폰을 켜면 무의식적으로 SNS 아이콘을 클릭하게 됩니다. 이런 습관은 행복한 삶에 중요한 요소 중 하나인 작업기억력에 안 좋은 영향을 미칩니다.

우리가 암산을 하거나 전화번호를 볼 때 머릿속에서는 잠시 정보를 기억하고 의식적으로 처리합니다. 이때 작업기억은 두뇌의 지휘자와 비슷한 역할을 합니다. 정보의 우선순위를 정해 처리하고 쓸데없는 정보는 무시합니다. 운전을 하는데 친구와 수다를 떨다가 목적지를 지나치는 경우가 많아졌다면 작업기억력이 약해져서 생기는 일입니다.

작업기억력이 좋다면 어떤 이점이 있을까요? IQ가 높다고 해서 학교와 사회에서 반드시 성공하는 것은 아니지만 작업기억력이 좋으면 학습과 업무에 매우 유리합니다. 그런데 작업기억력에 큰 방해가 되는 것은 바로 SNS 같은 파편화된 정보의 과부하입니다.

물론 두뇌에 긍정적이지 않은 것을 알더라도 주변에서는 다 하는 SNS를 혼자서 안 하기는 쉽지 않습니다. 직업적으로 트렌드를 쫓기 위해 할 수밖에 없다거나 혼자 친구들에서 멀어지는 느낌이 들고 싶지 않다면 어떻게 해야 할까요? 집중력 방해를 최소화하면서 삶에 도움이 되는 방식이 있을까요? 일단 스마트폰의 알람은 웬만하면 모두 끕니다. 모든 앱의 알람을 꺼주는 앱을 설치하는 것도 하나의 방법입니다. 그리고 시간을 정해놓고 합니다. 퇴근할 때 30분처럼 주의력이 가장 낮은 시간대로요. 그리고 또 하나의 방법이 있습니다.

SNS를 휴식이 아닌 일의 개념으로, 새로운 SNS 계정을 기획한다고 생각하고 해보세요. '목적' 있는 SNS를 하는 것입니다. 우선 어떤 주제로 계정을 만들어 운영하면 재미도 있고 자기계발에도 도움이 될지, 벤치마킹할 계정들을 팔로우합니다. 예를 들면 자기계발 독서 리뷰를 SNS에 올린다고 가정해보겠습니다. 비슷한 계정에는 어떤 것들이 있는지 찾아보고 어떤 방식과 디자인으로 올리면 좋을지 기획해보세요. 이렇게 되면 아무런 생각 없이 SNS를 보는 것이 안 되기 때문에 그동안 해왔던 대로 무작정 스마트폰 화면만 보던 습관이 좀 나아질 겁니다.

열심히 한 만큼 나 자신에게 보상하기

당신은 어떤 회사에서 일하고 싶나요? 주중이나 주말이나 일만 시키고 쉬는 시간 또한 자기계발만 독려하는 회사에서 일하고 싶나요, 아니면 일도 열심히 하고 미래의 자신을 위한 성장도 힘쓰게 하지만 열심히 했을 때는 그에 맞는 보상을 해주는 회사에서 일하고 싶나요? 회사에 빗대어 생각했습니다만, 나자신의 지속 가능한 성장을 위해서는 일과 휴식의 균형 잡기가 필요합니다.

자신을 사장이자 사원이라고 가정한다면, 목표는 사장이 세우지만 실행하는 것은 사원입니다. 사원이 금방 관두지 않고 회사의 목표를 실행하기 위해 장기근속할 수 있도록 동기부여를 하려면 어떻게 해야 할까요? 잠깐 HR부서에서 인재를 모으고 유지하기 위해 쓰는 이론을 알아보겠습니다.

미국의 심리학자 프레드릭 허즈버그Fredrick Herzberg는 업무만족도를 '2요인 이론Two-Factor Theory'으로 설명했습니다. 직무 불만족을 예방하는 요인을 위생Hygiene 요인으로, 업무수행을 잘할 수 있도록 돕는 요인을 동기Motivation 요인으로 구분했습니다.

우리는 급여를 받으려고 회사에 다니지만 돈만을 위해 회사에 다니지는 않습니다. 며칠간 야근해 끝마친 업무를 보고했을 때 상사의 격려 한마디에 기분이 좋아지고 피곤이 풀리는 듯 뿌듯했던 기억이 있을 것입니다. 나라는 사원도 이렇게 '인정'해주고 노력에 맞게 '보상'해주면 어떨까요? 보상은 그렇게 크지 않아도 됩니다. 저는 5년째 1년에 한 번은 혼자 5성급 호텔에서 1박을 하는 리추얼을 실행하고 있습니다. 한 해를 돌아보며 이룬 것과 앞으로 이룰 것을 적어보기도 합니다. 여행을 좋아한다면 매년 선호하는 여행지로 떠나서 새로운 나를 발견하는 것도 좋겠습니다.

자기계발을 하는 것도 좋지만, 길게 가려면 휴식도 짬짬이 해야 합니다. 이때 중요한 미팅을 잡는 것처럼 의도적으로 쉬는 시간을 스케줄표에 넣고 계획해보세요. 고3 수험생이 하고 싶은 것을 버킷리스트에 적어놓는 것처럼 먹고 싶은 것이나 가고 싶은 장소, 보고 싶은 영화 등을 미리 적어놓으면 갑자기 시간이 났을 때 당황하지 않고 알차게 시간을 보낼 수 있습니다. 다음은 대략적인 보상의 예시입니다.

- **법칙**
  - 5일간의 계획을 다 지켰으면 보상으로 5시간의 자유시간 선물하기
  - 1시간 일하면 5~10분 꼭 휴식하기

- **시간별 쉴 때 할 일**
  5분: 눈감고 휴식하기 (SNS 금물!)
  10분: 물 한 잔 마시고 계단 걷기
  15분: 건물 밖으로 나와서 잠깐 산책하기
  30분: 명상하기
  3시간: 보고 싶던 영화 보기
  4시간: 보고 싶던 공연이나 전시회 가기

하루: 당일치기 여행 가기, 스파 가기

이틀: 호캉스나 교외로 나가서 묵기(이때도 디지털 단식!)

결과 리뷰하여 성공 확률 높이기

카카오톡이 사실은 카카오(옛 아이위랩)가 두 번의 실패를 딛고 새롭게 내놓은 서비스임을 아는 사람은 많지 않습니다. 카카오는 2007년 미국 시장에 콘텐츠 공유사이트인 '부루닷컴buru.com'을 내놓았지만 실패했고, 2008년 국내에 복귀해 선보인 지식정보 서비스 '위지아닷컴wisia.com' 역시 실패했습니다. 하지만 이때의 경험을 통해 방향을 잡았고, 모바일 시장으로 눈을 돌려 4년만에 론칭한 카카오톡은 대성공을 거두며 국민 앱이 되었지요.

이처럼 스타트업이 자신의 제품을 시장에 출시하고, 고객이 원하는 방향으로 검증하는 과정을 '프로덕트 마켓 핏Product-Market Fit, PMF'이라고 합니다. 이 PMF를 찾는 과정은 매우 지난합니다. 고객이 불편함을 느끼는 지점을 찾아 가치를 정의하고 일종의 데모 상품인 최소기능제품Minimum Viable Product, MVP을 출시합니다. 이후는 가설·실험·학습, 이 3가지를 반복하며 검증하여 제품의 방향을 고객에게 맞추는데, 이 과정을 피봇Pivot이라고 합니다.

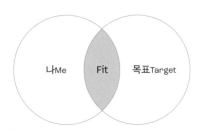

PMF를 찾아가는 과정은 우리가 목표를 세우고 이루는 과정과 매우 비슷하게 보입니다. 표면적으로 보이는 목표는 같을지라도 이루는 과정은 개인마다 달라서 맞춤복을 맞추는 것과 같거든요. 예를 들어 '사이드 프로젝트 1개 성공'과 같은 목표를 이룬 사람이 100명이라면 방식과 과정은 개인마다 달라서 100가지가 됩니다. 목표를 세우고 실행하는 과정에서 피드백을 보고 반영하는 것은 '미 타겟 핏(Me Target Fit, 제가 만든 단어입니다)'을 검증하는 과정입니다.

꿈 → 목표 → 쪼개진 단기목표 실행 ⇔ 피드백 반영 → 현실

꿈은 위와 같은 방식으로 현실로 구현됩니다. 꿈을 목표로 만들고 쪼개서 실행하면서 회고를 통해 피드백을 지속적으로 행동에 반영합니다. 점차 나에게 맞는 방식으로 맞추어져야 현실로 다가갈 수 있습니다. 이것은 회사 일도 마찬가지입니다.

예를 들어, 제안서를 만든다고 하면 중간에 상사의 피드백을 받으며 계속 수정하여 버전 1, 2, 3, 4 등을 만들다 최종 완성을 합니다. 이렇게 완성하는 과정에서 어떠한 변화가 있었는지를 체화하여 다음번 업무에 반영해야 성장합니다. 그러려면 버전별로 저장하고 어떠한 피드백을 받았고 어떻게 수정했는지를 기록해야 합니다.

저는 예전에 근무한 회사에서 상사에게 피드백을 받으면 그 중 중요한 것을 포스트잇에 적어서 제 컴퓨터 모니터 프레임에 붙여놓았습니다. 그리고 그 포스트잇이 바뀔 때마다 사진으로 찍어서 기록해놓았습니다. 자신이 시기별로 무엇을 업무에서 중요하게 생각했는지 볼 수 있는 지표입니다. 예를 들면, '매출액처럼 숫자를 보고할 때는 그것이 어떤 의미인지 맥락과 추이를 함께 설명한다. 그래프가 있으면 더 좋다'라는 피드백을 받았을 때는 이것을 간단하게 그래프 그림과 '맥락과 추이'라는 단어로 포스트잇에 적었습니다. 다음번 보고를 할 때는 주의할 수 있도록 말이죠.

프로젝트를 진행한다면 메모 앱에 프로젝트 일지를 지속적으로 기록합니다. 날짜와 이 작업을 하게 된 배경, 진행하는 와

중에 어떤 일이 있었고 어떻게 처리했는지 기록하고, 배운 점을 적으며 스스로 케이스 스터디를 하고 이후 궁금할 때 다시 찾아 볼 수 있도록 합니다. 제가 했던 방식을 다음 챕터의 '기록과 회고'에서 좀 더 자세히 설명하겠습니다.

Chapter 3

시작한 것을 반드시 성공시키는 3단계 실행법

시작은 했는데 목표를 현실화하지 못한다면?

이전 챕터에서는 게으른 완벽주의자가 되는 이유와 시작을 잘하는 방법 등에 대해 알아보았습니다. 이제는 실제로 목표를 현실화하는 방법을 함께 알아볼 차례입니다. 목표 달성에 초점을 맞추어, 목표를 세워도 작심삼일로 끝나는 이유와 목표를 설정, 실행, 기록하는 법에 대해서 자세히 안내하겠습니다. 우리가 몸이 뜨는 원리를 배운다고 해서 수영을 할 수 있게 되는 것은 아닙니다. 수영할 때 실제 어떻게 팔을 내젓고 다리를 움직이는지 수업을 통해 배우는 것처럼 실제로 목표를 현실화하기 위해 직접 해야 할 '실제 행동'이 무엇인지 살펴보겠습니다.

목표 달성이 힘들었던 3가지 이유

원인 1. 목표 설정이 잘못된 경우

앞서 언급했듯 목표는 내가 주체적으로 세운 것이어야 합니다. 내게 중요하고 절박한 목표가 아니라면 진심으로 와닿지 않아 동기부여가 어렵겠죠. 목표를 잡을 때는 기간도 함께 설정해야 하는데요. 내 삶에 유의미한 변화를 줄 수 있는 장기적인 목표를 세우고 성공적으로 실천해본 적이 드물기 때문에 목표에 맞는 기간을 합리적으로 설정하기가 어렵습니다.

원인 2. 할 일을 구체적으로 세우지 않았거나 시간 관리가 힘든 경우

적당한 난이도로 구체적으로 계획해야 꾸준히 실행할 수 있습니다. 구체적인 계획이라고 해도 욕심이 과해 현실적으로 지키기 어려운 계획을 세운다면 그 부담감 때문에 오래 지속하기 힘들 수 있어요. 또 반대로 너무 쉽게 달성하면 목표 자체의 허들이 너무 낮은 것 아닐지 고민하게 되죠. 그러니 실천해가며 최대한 내게 맞는 단계로 조정해야 합니다. 또한 현재 시간 여유나 평소 집중하는 패턴에 맞도록 시간 배분을 해서 실천해야 합니다.

원인 3. 진행 상황을 체크하고 꾸준히 스스로 동기 부여할 방법이 없는 경우

장기목표는 변화가 금방 보이지 않아서 포기하기 더 쉽습니다. 눈앞의 유혹은 가까이 있고 장기목표로 얻게 될 변화는 멀리 있기 때문이죠. 다이어트를 자주 포기하는 이유와도 비슷합니다. 여러 가지 방법을 통해 꾸준히 스스로에게 동기부여를 해주어야 합니다.

그래서 이번 주제는 앞서 말한 3가지 원인을 해결해줄 '다짐을 현실화하는 방법' 3단계입니다. 나의 성장을 도와줄 제대로 된 목표를 세우는 법, 내가 쓸 수 있는 시간을 파악하고 그에 적합한 세부 계획을 촘촘하게 세우는 법, 그리고 스스로 동기 부여할 수 있게 도와줄 기록법까지 설명하겠습니다.

천재들의 두뇌 사용법에서 얻은 목표 달성 힌트

《두뇌 사용 설명서》라는 책에는 천재들의 인식패턴이 요약되어 있는데 목표 달성에 힌트가 될 만한 요소가 많아 일부를 소개하겠습니다.

천재들은 전반적으로 다면적, 입체적, 공감각적으로 현상을 파악하기 때문에 누구도 알아차리지 못했던 새로운 시점을 발견합니다. 실제 레오나르도 다 빈치는 특정한 대상이나 현상에 대해 적어도 3가지 시점을 갖는 것을 '지식'과 같은 등급으로 파악했습니다. 또, 아인슈타인의 상대성 이론은 본질적으로 서로 다른 시점 사이의 상호작용을 종합한 것입니다. 그리고 천재들은 상세함을 추구하면서도 전체를 해석할 줄 압니다. 즉, 숲과 나무를 함께 볼 수 있도록 줌인과 줌아웃에 능합니다.

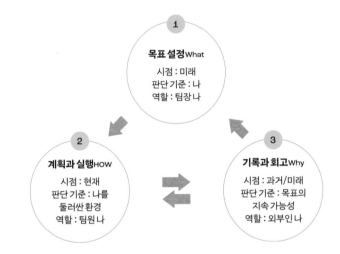

목표 달성 3단계

이 책에 따르면 천재는 몽상가, 현실주의자, 비평가의 자세를 함께 갖는데, 이것을 응용해서 단기목표부터 장기목표까지 흔들림 없이 달성할 수 있는 공식, '목표 달성 3단계'를 만들었습니다. 뒤에서 자세히 설명하겠으나, 우선 단계별 프로세스를 간단히 살펴보겠습니다.

첫 번째, 목표를 설정합니다. 목표를 설정할 때는 내가 이루고 싶은 모습을 미래의 시점에서 생각해야 진짜 목표에 다가갈 수 있습니다. 3년 후, 5년 후, 10년 후에는 어떤 모습의 내가 되고 싶나요? 이때는 현실이나 환경보다는 진짜 나의 욕망인지 여부가 더 중요합니다. 회사에서 사업목표를 세울 때 임원들이 5~10년 후 미래의 비전을 세우는 것처럼, 나의 역할을 '팀장'으로 정하고 거시적 관점에서 나의 미래 모습을 가늠해봅니다. 내 인생의 가치와 우선순위, 욕망이 뒷받침되어야 제대로 된 목표 설정이 가능합니다.

두 번째, 계획과 실행을 어떻게 할지 정합니다. 현재 나를 둘러싼 환경과 특성을 고려하여 계획을 세웁니다. 하루에 쓸 수 있는 시간을 적어보고 그중 70% 정도를 목표에 쓸 시간으로 할당합니다. 가용 시간이 하루에 3시간이라면 2시간을 미래의 나를 위해 저축한다고 생각하고 장기목표를 실행하는 데 사용합니다. 성실함의 유지를 위해 스스로 동기부여하고 에너지를 효율적으로 쓰는 방법과 마인드 세팅하는 법을 뒤에서 소개해드릴 예정입니다.

세 번째는 기록을 보며 회고하는 단계입니다. 장기목표를 달성하기 위해서는 계속 한 일을 기록하며 자신을 독려하는 과정이 무척 중요합니다. 기록이 중요한 이유는 나를 객관화하여 볼 수 있기 때문입니다. 실행이 얼마나 되고 있는지 체크하고 컨디선에 따라서 목표 실행 시간을 조정하거나 그 과정에서 목표의 재정립이 필요하다면 목표를 조정합니다. 과거의 나를 보며 목표 달성에 영향을 준 요인들을 파악합니다. 긍정적인 요소는 강화하고, 방해 요소는 제거하거나 그럴 수 없다면 방안을 마련합니다.

1단계
목표 설정 :
인생의 북극성 제대로 세우기

삶의 우선순위 정리하기:
후회 없는 인생을 위해 중요한 것은?

삶의 중요한 가치 생각해보기

'큰 돌 이론'이라고도 불리는 삶의 우선순위에 관한 이야기가
있습니다. 《성공하는 사람들의 7가지 습관》으로 유명한 스티븐
코비의 시간 관리 강의 외에도 많은 곳에 인용이 되었습니다.

한 노교수가 강의에서 커다란 유리병과 주먹만 한 큰 돌이
든 상자를 책상 위에 올려놓았습니다. 그리고 유리병을 그
돌로 가득 채운 후 학생들에게 물었습니다. "유리병이 가득
찼나요?" 학생들은 그렇다고 대답했습니다. 노교수는 이번
에는 자갈이 들어 있는 상자를 책상 위에 올려놓았습니다.
자갈을 유리병에 넣자 큰 돌 사이의 빈 공간으로 자갈이 채

워졌습니다.

다시 노교수는 학생들에게 "유리병이 가득 찼나요?" 물어보았습니다. 큰 돌 사이에 자갈이 들어가는 것을 확인한 학생들은 그렇지 않다고 대답했습니다. 노교수는 그다음 모래로 유리병 사이의 빈 공간을 가득 채운 후 "이번에는 유리병이 가득 찼나요?"라고 물어보았습니다. 학생들은 그렇다고 대답했습니다. 노교수는 물 한 병을 유리병에 따랐습니다.

노교수가 "이제 유리병이 완벽히 채워졌군요. 이 실험이 무엇을 의미하는지 설명할 학생 있나요?"라고 묻자, 한 용기있는 학생이 "아무리 일정이 있어도 다른 일정을 끼워넣을 수 있다는 것을 말합니다"라고 대답했습니다. 그러자 노교수는 웃으며 대답했습니다. "인생에는 큰 돌을 먼저 넣지 않으면 다른 것들을 넣을 수 없다는 뜻입니다."

우리의 인생도 마찬가지입니다. 시간과 자원은 한정되어 있습니다. 자신의 우선순위를 알고 자신에게 올바른 선택을 하는 사람과 그렇지 않은 사람의 인생이 같을 수 없습니다. 결과적으로 유리병에 모래나 자갈을 먼저 넣으면 큰 돌이 들어갈 수 없습니다.

목표를 제대로 세우기 위해서는 삶에서 중요한 우선순위를 먼저 설정한 후에 목표를 세울 필요가 있습니다. 삶의 우선순위를 정하는 것은, 목표를 정말 이루고 싶고 이제까지와는 다른 방식으로 능동적으로 살고 싶다면 반드시 지나야 할 첫 번째 관문입니다.

예를 들어, 제 인생에서 중요한 가치는 '개인적 재미'와 '성장'이었습니다. 아무리 기준을 낮추고 현재의 삶에 만족하려고 애써보아도 그것이 불가능했습니다. 그래서 제가 그런 인간이라는 것을 솔직히 인정하고 노력을 좀 더 해보기로 했습니다. 제가 어디까지 할 수 있는지 너무 궁금했기 때문이죠. 삶의 우선순위를 적기 힘드시다면, 어떤 일을 시작할 때의 동기에서 힌트를 찾아보세요. 저의 동기는 '미지의 것을 알고 싶은 호기심'과 '성장을 깨달았을 때의 환희'였습니다.

현재 삶의 우선순위 점검하기

무라카미 하루키는 《달리기를 말할 때 내가 하고 싶은 이야기》에서 다음과 같이 말한 바 있습니다.

"내 생각에는, 정말로 젊은 시기를 별도로 치면, 인생에는 아무래도 우선순위라는 것이 필요하다. 시간과 에너지를 어떻게 배분해가야 할 것인가 하는 순번을 매기는 것이다. 어느 나이까지 그와 같은 시스템을 자기 안에 확실하게 확립해놓지 않으면, 인생은 초점을 잃고 뒤죽박죽이 되어버린다."

앞서 내 삶에 중요한 가치들을 정리했다면, 이번에는 내가 생각한 가치들을 실제로 삶에 적용해 우선순위대로 사용하고 있는지 살펴보겠습니다. 평소 일할 때 중요도 순으로 우선순위를 재정리하는 습관처럼 삶에서도 우선순위를 정리해봅시다. 자잘한 잡동사니 물건들을 용도별로 정리상자에 구분해 넣으면 정리가 쉬워지는 것처럼 일들을 중요도와 긴급도라는 상자에 넣어보겠습니다.

다음의 그림은 일의 우선순위를 정할 때 늘 등장하는 아이젠하워의 '시간 관리 매트릭스'입니다. 매일 To Do List에 줄을 그어가며 열심히 살지만 1년이 지나고 2년이 지나도 내 삶에 변화가 없을 때는 우선순위가 잘못되어 있는 경우가 많습니다. 그럴 때는 시간을 내어서 현재 하고 있는 일이 각 사분면에 맞게 이루어지고 있는지 체크가 필요합니다. 아래는 제가 하루에 있는 일들을 중요도와 긴급도에 맞춰서 적어본 것입니다.

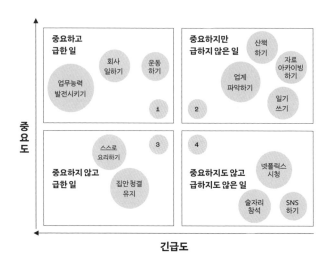

시간 관리 매트릭스

중요도와 긴급도에 따른 일들의 예시와 각 시간을 효율적으로 사용하기 위해 해야 할 것은 아래와 같습니다.

1. 중요하고 급한 일
예시 : 회사 일 중 중요한 프로젝트, 업무능력 발전시키기
처리 방법 : 하루 중 오전에 대부분 해내기

2. 중요하지만 급하지 않은 일
예시 : 자기계발, 운동, 경쟁사 동향 등 업계 파악

처리 방법 : 타인에게 방해받지 않는 시간에 하기

3. 중요하지 않고 급한 일

예시 : 대부분의 잡무, 청소/빨래

처리 방법 : 할 수 있다면 최대한 위임하기, 반복되는 일 시스템화하기

4. 중요하지도 않고 급하지도 않은 일

예시 : 넷플릭스 보기, SNS 하기

처리 방법 : 아예 안 할 수 없다면 하루 1시간 등으로 줄이기

이때 유의할 것은 바쁘고 급할 때 안 하기 쉬운 2사분면의 일들을 꾸준히 유지하는 것입니다. 보통 1사분면과 3사분면의 급한 일들에 치여서 2사분면에 속하는 일상의 리듬을 잃어버리는 경우가 많더라고요.

장기적으로 봤을 때 3, 4분면의 일들을 가능한 한 줄이고, 2사분면의 분량을 늘이는 것이 인생을 바꾸는 데 매우 중요합니다. 2사분면의 중요성을 알더라도 실제 생활이 바쁘면 시간 내기가 정말 쉽지 않습니다. 늘 갑작스러운 일들이 생기고 우선순위를 재설정하지 않으면 급해 보이는 일들에 삶이 이끌려 다

니게 됩니다.

계획을 세우고 꾸준히 실행해야 하는 일이 왜 2사분면일까요? 중요하지만 급하지 않은 일을 먼저 해야 한다고 머릿속으론 알고 있어도 실제로 하기란 쉽지 않습니다. 지금 바로 안 해도 티가 안 나기 때문이죠. 하지만 1년 이상 꾸준히 한다면 삶을 반드시 한 단계 업그레이드할 수 있습니다. 이 중요하지만 급하지 않은 일들은 마치 돈을 저축하고 투자하는 것과 비슷합니다. 하루의 1~2시간 정도는 미래의 나를 위해 아껴서 투자해야 합니다.

목표가 산의 나무를 베어 땔감을 만드는 것이라면 중요하고 급한 일은 나무를 베는 일입니다. 중요하지만 급하지 않은 일은 현재의 일을 더 잘하기 위해 생산성을 높이고 미래를 대비하는 일이 해당됩니다. 좀 더 넓게 멀리 봐야 하죠.

- **중요하고 급한 일** : 나무를 베는 일 자체
- **중요하지만 급하지 않은 일** : 매일의 상황과 그에 따른 나무를 벤 갯수 적어두는 업무일지 만들기, 더 많은 나무를 베기 위한 체력 기르기, 땔감이 있는 다른 산 찾아보기, 다른 나무꾼들 소식 듣기, 나무를 대체할 수 있는 더 좋은 땔감은 없는지

연구하기

- **회사에서 중요하고 급한 일** : 내 일 중에서 성과가 눈에 잘 보이고 데드라인이 임박한 일

- **회사에서 중요하지만 급하지 않은 일** : 내가 지금 하는 일을 더 잘하기 위해 시스템을 만드는 일, 업계를 지속적으로 파악하며 미래에 어떻게 될지 예측하고 대비하는 일, 지금 진행하고 있는 일을 잘 기록해놓고 어떻게 문제를 해결해나갔는지 나중에 찾아볼 수 있게 데이터 축적하기

회사 일을 하면서 생기는 인사이트를 아카이빙하고 업계를 지속적으로 파악하고 업무능력을 향상시키는 것은 당장은 눈에 띄지는 않지만 회사 일을 더 잘하고 더 나아가 다른 일도 잘할 수 있게 하는 밑거름이 됩니다.

5년 전, 중간관리자가 된 지 얼마 안 되었을 때 고민이 많았습니다. 제대로 된 중간관리자가 되기 위해 '리더십'도 키워야 하고, 보고와 지시할 때 '말하기'도 잘하고 싶고, 당시 해외업체와 소통할 일이 있어서 '영어'도 잘해야 할 것 같고, 주 업무와 관련된 '글쓰기'는 더 잘하고 싶었죠. '성장'이 제 중요한 가치 중 하나였는데 어느 것부터 해야 할지는 모르는 상태였습니다.

즉, 진짜 내게 필요하고, 내가 하고 싶은 일이 무엇인지 모르는 상태가 되어버린 것이죠.

그러던 중 여러 목표들을 적어보니 그 목표들은 결국 연결되어 있더군요. 하고 싶은 것들을 적어서 분해하면 먼저 해야 할 것이 보입니다. 이어지는 '나의 욕망 입체화'에서 내가 진정으로 원하는 것이 무엇인지를 찾는 방법을 알아보겠습니다.

욕망의 뿌리 발견하기

목표를 이루기 위해 중요한 것은 '그것을 왜 하고 싶은지' 바탕에 있는 욕망에 대해 깊게 성찰해보는 것입니다. 우리가 자신의 욕망을 알아나가는 과정은 의식과 무의식의 관계와 매우 비슷합니다. 흔히 의식과 무의식의 관계를 빙산에 비유하곤 합니다. 바다에 떠 있어 보이는 부분을 '의식'에 비유하고, 물에 가라앉아 보이지 않는 부분을 '무의식'에 비유하죠. 무의식은 이처럼 잘 보이지 않고 조절하기 힘든데, 내 삶의 동기는 대부분 무의식으로 이루어져 있습니다. 무의식을 의식화해야 내가 원하는 방향대로 살 수 있고 목적을 달성할 수 있습니다. 칼 융Carl Jung은 다음과 같이 말했습니다.

"무의식을 의식화하지 않으면, 무의식이 우리 삶의 방향을 결정한다. 우리는 바로 이런 것을 두고 운명이라고 부른다."

표면적으로 무엇인가 하고 싶다는 바람 뒤에는 반드시 표면 의식으로는 알 수 없는 무의식적인 욕구가 숨어 있습니다. 나의 욕구를 입체적으로 볼 수 있는 질문들을 스스로 해보면 욕망이 더욱 선명해집니다. 하고 싶은 것이 있다면 구체적으로 들여다 봅니다. 그것이 '왜' 하고 싶은지 주변에 '누가' 그 일을 한 사람이 있는지, '언제' 그렇게 느꼈는지, 구체적으로 '어떤' 것을 하고 싶은지 구체적으로 떠올릴수록 좋습니다.

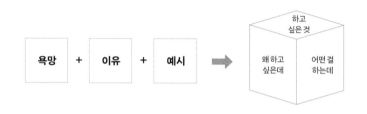

'현재 내 삶의 우선순위 점검하기'에서 언급한 것처럼 5년 전에 중간관리자가 되면서 저는 리더십에 대한 고민이 많았습니다. 개인주의적인 성격에 다른 사람에게 싫은 소리도 잘 못 하는 사람이라 이런 단점을 극복하고 '중간관리자로 성공적으로 안착하고 싶다'는 욕망이 있었습니다. 하지만 리더십을 당장 발휘하기에는 자신이 부족하다는 것을 알았기 때문에, 팀원들에게 리더십을 발휘하기보다는 일을 매니지먼트하는 PMproject manager 역할을 일단 해보기로 했습니다.

- **욕망** : 중간관리자로 성공적으로 안착하고 싶다.
- **이유** : 조직에서 지속적으로 일하려면 중간관리자가 되어야 한다.
- **예시** : 리더십 기르기, 부하직원 멘탈 케어, 업무 지시 및 관리, 회의와 보고 잘하기, 직원 구인 잘하기 등

이렇게 적어보니 중간관리자가 가장 많이 하는 일은 커뮤니케이션하는 일이더군요. 그러면 무엇을 잘해야 하는지를 또 적어보았습니다.

- **욕망** : 중간관리자가 되기 위해서 커뮤니케이션 능력을 가장 먼저 늘려야 한다.
- **이유** : 업무 능력은 커뮤니케이션 능력과 전문성이 곱해져야 하기 때문이다.
- **예시** : 듣기, 말하기, 듣고 정리하여 말하기, 보고하기, 지시하기, 회의 진행하기

희로애락으로 내 욕구 파악하기

실제로 내가 하고 싶은 것과 내 경험은 차이가 날 수 있습니다. 그래서 나의 욕구를 파악하기 위해서 하나 더 짚고 넘어가

겠습니다. 인생은 흔히 희로애락喜怒哀樂으로 풀이합니다. 이 감정들을 느꼈던 때와 이유를 한번 생각하고, 나열해보세요.

- 내가 기쁘고 행복했던 기억은? (뿌듯했던, 만족했던)
- 무엇 때문에 가장 화가 났었나? (스스로에게 가장 화났던, 타인에게 가장 화났던)
- 무엇 때문에 가장 슬펐나? (슬프거나 무기력했던)
- 가장 즐겁게 무엇인가 했던 기억은? (능동적으로 즐겼던)

만약 가장 기뻤던 게 회사에서 업무를 잘해서 인정받았을 때라면 '성취'에 대한 욕구가 큰 사람입니다. 가장 행복했던 기억이 친구들과 만나서 맛있는 것을 먹는 것이라면 '인간관계'에 대한 욕구가 큰 사람입니다. 가장 슬펐을 때가 업무에서 똑같은 실수를 반복한 자신에게 화가 났던 때라면 '성장'에 대한 욕구가 큰 사람이겠지요. 이런 감정들을 느꼈던 여러 가지 상황을 종합해보면 욕구의 생김새를 파악하는 데 도움을 줍니다.

제가 기뻤던 기억과 가장 화났던 기억을 소개하겠습니다. 제가 가장 기쁘고 행복했던 순간은 대부분 성장했다는 것을 발견했을 때였습니다. 지금으로부터 5년 전, 앞서 말했듯이 커뮤니케이션 능력을 기르겠다고 결심하고 나서 다른 사람의 말을 끊거나 토 달지 않고 잘 듣는 연습을 하던 중이었는데요. 듣기가 늘었다는 것을 깨닫고 엄청나게 기뻤거든요. 2017년 연말 소회의 일부를 인용합니다.

"올해는 많은 일이 있었다. 가장 큰 일은 듣기가 가능해졌다는 것이다. 제대로 '듣는다는 것'은 나 자신을 놓아두고 이야기의 큰 흐름에 몸을 맡기는 것이다. 이것은 내가 태어나서 처음 경험한 것이다. 그전에는 이야기 흐름에서 파생된 에피소드나 단어에 내가 아는 지식을 덧붙여서 흐름을 방해하는 일이 잦았는데, 그런 일은 이제 거의 드물게 되었다. 처음 경험한 '제대로 듣는다'라는 느낌은 굉장히 자유로웠다. 나라는 존재가 이야기의 주제가 아니어도 상관없다는 것은 어느 주제나 포용할 수 있다는 느낌이었고, 그 넓어진 폭만큼 굉장한 자유를 선사했다. 마치 조감도로 상황을 보고 있는데, 주제가 움직이는 것을 만화의 말풍선처럼 눈으로 보며 듣는 기분이었다. 나라는 틀에 갇히지 않는다는 것이 이렇게 큰 자유를 선사해줄 줄 몰랐다. 아마 그전으로 되돌아갈 수는 없을 것이다. 돌아가고 싶지 않다."

제가 가장 화를 낼 때는 가족이 얘기해서 알게 되었는데요. 무엇인가를 모르는 상황에서 타인으로부터 제가 제대로 모른다는 피드백을 받으면 성을 낸다고 하더라고요. 저는 잘 알아야만 하고 그게 저의 존재가치 중에서 큰 부분이라는 것을 깨달을 수 있었습니다. 그 후로는 제가 모른다고 누가 지적하더라도 화내지 않고 차분히 상황을 넘길 수 있도록 노력했죠.

내가 원하는 나의 정체성 : 나는 어떤 사람이 되고 싶은가?

베스트 버전의 나 찾기

앞으로 어떤 사람이 되고 싶은가요? 내가 원하는 나의 모습을 재정립하는 시간을 갖기로 합시다. 우리는 어느 울타리 안에 있는 자기 자신을 설명하는 것에는 익숙합니다. 그러나 지금은 어느 회사 소속이 아닌, 어느 학교 출신도 아닌, 그저 자기 자신을 되돌아봅니다.

내가 될 수 있는 베스트 버전의 나는 어떤 모습일지 상상해보세요. 자신의 장점과 단점 같은 실제 모습이 반영된 최고로 잘할 수 있는 나입니다. 마치 만화캐릭터가 진화하듯 나의 특성이 반영된 채로 능력치가 상승한 모습입니다. 평소 자신을 잘

관찰하면 장단점을 파악하는 데 도움이 됩니다. 내가 만약 파란색 원석이라면 열심히 갈고 닦아도 빛나는 파란색 보석이 되지 다른 색 보석이 될 수는 없습니다. 예를 들면 운동 신경이 없는 제가 운동을 아무리 열심히 해도 국가대표 선수처럼 잘하게 될 수는 없는 것처럼요. 운동에서의 저의 최선은 건강에 도움이 되고 즐길 수 있는 정도까지 잘하게 되는 것입니다. 그것도 충분히 의미가 있지만 자신의 정체성이 될 수는 없습니다. 대신 저는 그림을 그리거나 글을 쓰면 주변 평가가 제법 좋은 편이었습니다. 자신의 장점을 기준으로 돌이켜보세요. 자신의 특성이 긍정적으로 가장 잘 발현된 모습이라면 어떤 모습일까요?

참고로 내가 되고 싶은 이상형에 내 현실을 반영할 필요는 없습니다. 이후 1차 단기목표를 세울 때 다시 현실을 반영할 예정이니 염려 말고 일단 마음껏 되고 싶은 나의 모습을 그려보세요. 나의 장점과 단점은 반영하지만 내가 처한 상황은 반영하지 말라니, 무슨 뜻인가 싶지요?

저는 평소에 아파트 평면도를 보는 취미가 있는데요. 실제로 제가 사는 집은 작지만 지금 살고 있는 기준으로 평면도를 보지 않습니다. 넓고 좋은 집의 평면도를 여러 종류 보고 난 뒤에 그것들의 장점을 반영해서 나중에 살고 싶은 집의 평면도를 그려봅니다. 좋은 인테리어를 봤다면, 이것을 어떻게 응용해서 지금 사는 집에 적용할지 생각해봅니다. 현재 나의 처지를 기준으로 생각하면 진짜 이상형과는 거리가 멀어집니다.

제가 꿈꾸는 저의 모습은 인기 작가가 되어 조용한 공간에서 방해받지 않고 글을 쓰고 출간 기념 북토크를 하는 모습입니다. 어릴 적부터 책을 좋아했고 다른 작가들의 북토크에도 자주 갔습니다. 그리고 언젠가는 꼭 작가가 되고 싶었습니다. 직접 쓴 책이 서점의 베스트 셀러 코너에 있고 독립서점에서 북토크를 하는 상상을 하곤 했었어요. 하지만 쓸 콘텐츠가 부족하다는 것을 알고 경험을 늘려야겠다는 생각을 했죠. 지금 한번 자신이 바라는 모습을 구체적으로 상상해보길 바랍니다.

가장 나답고 즐거울 수 있는 환경 찾기

하나의 특성이 상황에 따라서 장점이 되거나 단점이 될 수 있습니다. 예를 들어, 공감 능력이 뛰어나고 다른 사람을 돕는 것에서 행복을 느끼는 사람은 상담가나 교사로서는 매우 훌륭한 자질을 가졌지만, 형사나 군인으로서는 맞지 않는 자질을 가졌습니다. 범인을 체포해야 하는데 범인 사정이 너무 딱해서 그럴 만했다고 생각하며 눈물부터 나면 직업적 임무를 완성할 수 없으니까요.

우리는 하루 중에서 가장 많은 시간을 일하는 데 씁니다. 일할 때 내게 맞는 환경에서 일을 하면 더 능률이 오를 것입니다. 주변과 커뮤니케이션하며 영향을 주고받는 데서 크게 기쁨을 얻는 사람이 있고, 혼자서 일을 할 때 훨씬 더 생산성이 높아지는 사람이 있습니다. 회사 규모도 이미 시스템이 다 만들어져 있는 100명 이상의 큰 조직에서 주어진 일을 하는 것이 편한 사람이 있고, 아무것도 없는 환경에서 맨땅에 헤딩하며 하나부터 열까지 찾아서 만들어가는 것에 성취감을 느끼는 사람 있습니다.

만약 아직 회사를 다니기 전이라면 학교에서 조별과제를 할 때나 다른 친구들과 놀 때 나타나는 모습 중 어떤 게 가장 나의 자연스러운 모습인지 파악해보세요. 가장 나다우면서 능률이 오를 때가 어떤 환경에서 무엇을 할 때인지 돌이켜봅니다.

제가 일단 커뮤니케이션 능력을 발전시켜야겠다고 결심했다고 앞의 '욕망의 뿌리 발견하기'에서 언급했는데요. 그 배경은 제가 중간관리자로서 안착하는 것도 중요했지만, 제가 다니던 회사가 작은 회사였기 때문에 전문성을 발전시키기 어려운 환경이라, 일단 커뮤니케이션 능력부터 기르자는 생각 때문이었습니다. 제가 일해본 조직은 대부분 신생 조직이었고 성장하며 차차 직원을 충원해가는 곳이었습니다.

이런 신생 조직은 업무의 전체적인 큰 그림을 볼 수 있고 오너십을 갖고 일할 수 있는 장점이 있지만, 아직 일의 체계가 잡혀 있지 않기 때문에 담당이 정해져 있지 않은 회색 지대의 업무도 해야 합니다. 저는 해야 할 일이 생기면 우선 직접 해보고 시스템과 매뉴얼을 만든 후 그 일을 저 대신 할 직원을 뽑는 일을 많이 했었는데요. 다행히 새로운 것에 호기심이 많아 아무것도 없는 단계에서 초안을 만드는 일이 잘 맞았습니다. 우선은 내가 즐거울 수 있는 환경이었지만, 점차 장기적인 관점에서는 변화가 필요하다는 생각이 들었습니다. 그래서 회사에서는 제너럴리스트로 일하는 대신에 개인적으로는, 스페셜리스트가 되기 위해서 제가 만든 콘텐츠로 회사 밖에서 돈을 벌어보자는 다짐을 하게 됩니다. 중간관리자로서 안정기에 들어설 무렵이라 그동안 필요 업무에 대한 이해가 많이 쌓인 다음이었습니다.

목표 세우기:
내가 진정 원하는 삶은 무엇인가?

가장 바뀌길 바라는 장기목표 정하기

세 마리의 개를 산책시킨다고 해봅시다. 세 마리의 개가 각자 다 다른 방향으로 가려고 한다면 어느 방향으로도 갈 수 없습니다. 하지만 한 방향으로 간다면 목적지로 훨씬 빠르게 도착할 수 있겠지요. 내가 중요하게 생각하는 가치, 기저에 깔린 나의 욕망, 내가 원하는 정체성, 이 3가지가 충돌하지 않는지 확인하며 목표를 세우도록 합니다.

저는 올해 목표를 이뤄감에 따라 목표 단위가 커지고 과정이 길어져서 따로 신년계획을 세우지 않았는데요. 예전에는 새해 목표를 하나씩 설정하고 그것을 이루어갔습니다. 그리고 목표를 실행하기 힘들 때면 "연말이 돼서 이것을 지키지 못하면 스스로 얼마나 후회할까"를 생각하며 다시 마음을 다잡았습니다. 진짜 목표에 가깝다면 간절함 역시 커져서 목표를 향한 발걸음을 더 쉽게 내딛고 과정이 괴롭더라도 더 잘 견딜 수 있게 됩니다.

아래는 목표를 정하고 실행하는 과정에서 정리해본 것들입니다. 제가 '중요하게 생각하는 가치'는 개인적 재미와 성장이었는데, '삶의 우선순위 중 중요한 것'들이 많아서 가지치기를 했습니다. 그중에서 운동은 아침 산책으로 대체하고 영어는 우선순위에서 밀렸습니다. 아침 일찍 일어나기 위해 전화 영어 수업을 받고 복습을 못 했는데, 그것만으로는 실력이 늘지 않는다는 것을 깨닫고 자연스럽게 포기하게 되었습니다.

- **내가 중요하게 생각하는 가치** : 개인적 재미, 성장
- **내 삶의 우선순위 중 중요한 것** : 말하기, 리더십 기르기, 운동, 글쓰기, 자료 아카이빙, 영어
- **나의 욕망** : 중간관리자로 성공적으로 안착하기 → 그러기 위해 커뮤니케이션 능력 기르기
- **내가 되고 싶은 나의 정체성** : 작가
- **1년 후의 목표** : 커뮤니케이션 능력 향상
- **3년 후의 목표** : 회사 밖에서 콘텐츠로 수익 내기

현재 상황을 고려해 구체적인 1차 단기목표 정하기

장기목표를 달성하려면 너무 멀기 때문에 목표를 쪼개 단기목표로 만들어야 하는데요. 장기목표와 단기목표의 차이는 '내가 컨트롤할 수 있는가'의 여부로 나뉩니다. 장기목표는 '결과목표'로 잡는 것이 좋습니다. '1년 안에 이직에 성공하기'처럼요. 이런 목표는 내가 컨트롤할 수 없습니다. 회사에서 성과를 측정할 때도 이렇게 결과치를 목표로 잡습니다. 단기목표는 '과정목표'로 장기목표를 이루기 위한 디딤돌 역할을 하며 내가 무엇을 할 것인지 결정할 수 있습니다. 1년 안에 성공적으로 이직하기 위해 '20곳 이상 회사 맞춤형 이력서 넣기'는 과정목표, 즉 단기목표입니다.

단기목표 중에서 처음으로 달성해야 하는 1차 단기목표는 다소 쉬워 보여야 합니다. 그래야 첫발을 쉽게 뗄 수 있습니다. 제가 커뮤니케이션 스킬을 늘리기 위해서 세웠던 1차 단기목표는 '열심히 듣는 것'이었습니다. 이전에는 궁금한 것이 생기면 사람 말을 자르는 버릇이 있었는데, 궁금한 것이 있더라도 일단 들은 후 물어보는 습관을 길렀습니다. 그 사람이 알고 있는 사실이 틀리더라도 업무상 중요한 일이 아니면 말을 끊고 지적하지 않았습니다. 일단 1차 단기목표를 정하고 하다 보면 그다음 단기목표가 생깁니다.

2단계.
계획과 실행 :
하루를 48시간처럼 사용하기

자율성과 성실성이 합쳐져야 시너지가 난다

목표에 떡잎이 나오는 경이로운 순간

목표를 최대한 내 기준에 맞도록 세웠다면 이제 실행만이 남았습니다. 어떻게 하면 작심삼일이 되지 않고 목표를 이룰 수 있을까요? 씨앗을 심었다고 금방 꽃이 피지 않는 것처럼 내가 실행한 이후 결과물이 나오기까지는 시간차가 있습니다. 우리의 계획이 용두사미가 되는 것은 그 시간차를 견디기 힘들기 때문입니다. 가벼운 유혹은 가까이 있고 결과는 저 멀리 있는 것처럼 느껴지니까요. 열심히 지속적으로 하는데 결과가 나오지 않는다면 꾸준히 하기 힘듭니다.

장기목표를 완주하는 것이 꽃을 피우는 거라면, 중간의 작은 목표 하나에 처음 다다르는 것은 마치 떡잎이 나는 것과 같아요. 큰 결과까지 가지 않더라도 중간에 작은 희망의 불씨만 있다면 목표에 매진하기 훨씬 쉽습니다. 내가 아닌 다른 사람들은 목표의 결과만 볼 수 있지만 실제로 목표를 이룬다는 것은 작은 씨앗이 제대로 성장하기까지 무수한 햇볕의 온기와 그리고 비바람을 거치며 만나는 과정의 총합입니다. 그래서 갑자기 스타가 된 듯 보이는 사람도 인터뷰를 읽다 보면 준비하기까지의 짧지 않은 과정이 있었음을 알 수 있습니다. 씨앗이 자신의 껍질을 깨고 흙을 뚫고 떡잎을 내듯 겉으로 보이지 않는 힘든 과정을 견뎌야 해요.

결과를 기다리기 힘들 때는, 내가 지금 씨를 뿌리고 가꾸는 시간인지 열매를 거둘 시간인지 아는 것이 중요합니다. 아직 거둘 것이 없다면 지금은 씨앗을 뿌리고 가꿔야 하는 시기입니다. 씨를 심고 나서 땅을 계속 파 보면 씨는 발아할 수 없겠죠. 일단은 내가 단군신화에 나오는 웅녀가 되었다고 생각하고 100일간만이라도 우직하게 실천해야 합니다. 좋은 중간관리자가 되기 위해 커뮤니케이션 스킬을 연습했던 과정을 복기해보면 중간중간 늘 제가 지치지 않도록 떡잎이 나오는 것처럼 신호를 받은 순간들이 있었습니다. 제가 목표를 향해 계속 나아갈 수 있게 도와준 '떡잎'의 순간들을 공유해보겠습니다.

- **듣기가 가능해짐** : 타인의 말을 안 끊고 집중해서 들을 수 있게 되고 회의에서는 전체를 조망하며 주제의 흐름을 들을 수 있게 됨.
- **말하기를 잘하기 위해서 발성과 스피치 1:1 코칭 수업을 들음** : 내가 부족한 것은 발성이 아니라 말하기 내용의 정리임을 깨달음.
- **준비된 발표는 잘하지만 회의에서 갑자기 의견을 말하는 것은 못함** : 말하기와 정서가 무척이나 연관되어 있다는 것을 깨닫고 긴장을 덜기 위해 회의나 보고 전에도 미리 준비하게 됨.
- **우아한 스피치 스터디 그룹을 개설함** : 나처럼 말하기에 어려움을 겪던 옆 팀 팀장님과 함께 일주일에 한 번씩 아침에 카페에서 만나서 직접 만든 커리큘럼으로 실습함.
- **개인 유튜브 채널을 만들어 영상을 올림** : 그동안 공부했던 것을 바탕으로 말하기 이론을 만들어 올림. 영상을 본 트위터

팔로워 중 한 분이 함께 퍼블리에 연재하자고 추천해주심.

- **퍼블리에 '회사어 말하기 시리즈'를 연재함** : 우아한 스피치의 커리큘럼을 기본으로 내용을 덧붙여 아티클을 시리즈로 만들게 됨.

- **EBS에 회사어 전문가로 출연** : EBS 〈딩동댕 대학교〉에서 방송 출연 의뢰가 들어와서 출연함.

회사에서 커뮤니케이션 향상을 위해 듣기와 말하기 연습을 할 때는 나중에 어떻게 될지 모르고 시작했지만 중간중간 여러 가지 신호들이 있었고 그 덕분에 지속할 수 있었습니다. 그러니 일단 시작해보세요. 신호가 올 때까지만 버티면 됩니다.

미래의 나에게 선물하는 두 시간

중요하지만 급하지 않은 것을 지속적으로 해야 인생이 변하는 것을 알고 있지만 실천하기는 쉽지 않습니다. 그럼에도 꾸준히 해야 하는 이유는 나의 미래를 준비하는 시간이기 때문입니다. 전문성을 쌓고자 할 때 한동안은 결과물이 나오지 않습니다. '전문성'이라는 것 자체가 누구나 할 수 없다는 것을 내포하고 있죠. 그렇기 때문에 전문성을 내 안에 갖출 때까지 시간이 필요합니다. 하루에 1시간 10분을 일주일간 낸다면 8시간이 생깁니다. 일하는 시간을 하루 8시간으로 계산하면 대략 하루가 더 생기는 셈입니다. 하루에 2시간을 낼 수 있다면 일주일에 14시간이 생깁니다.

아래의 기업 매출액과 이익 그래프는 목표를 현실화하는 과정과 매우 비슷합니다. 매출액Sales은 노력으로, 이익Profits은 산출물로 바꿔서 설명할 수 있습니다. 그래프에서 보는 것처럼 제품개발과 도입 시기에는 이익이 나지 않는 구간이 있습니다. 즉, 노력이 현실화되는 데는 시간이 걸립니다. 하루에 일정 시간을 투자하더라도 얻는 게 없는 것처럼 느껴지는 기간이 지속됩니다. 하지만 꾸준히 목표를 추구하다 보면 예상하지 못했던 결과를 내 앞에 가져다줍니다. 그리고 나의 세계는 점차 원하던 방향으로 넓어지게 됩니다.

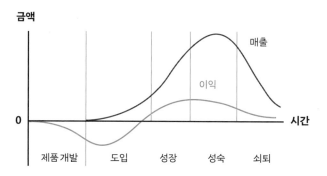

제품 수명 주기

예를 들어 코카콜라는 여러 가지의 음료상품을 출시하고 있는데요. 가장 대표적인 상품인 코카콜라 외에도 제품 수명 주기가 다른 상품을 다양하게 팔고 있습니다. 이것을 우리의 삶과 해야 하는 일에도 대입해볼 수 있습니다. 현재 중요하고 급한 일들은 시장 성숙기에 있는 코카콜라 같은 역할입니다. 수입의 대부분을 담당하고 있어 매우 중요합니다. 그러니 삶에서 최우선적으로 해야 하고 실제로도 안 하면 큰일 나기 때문에 늘 우선적으로 하게 됩니다. 가장 수입에서 많은 부분을 차지하는 회사일이나 당장 잘해야 하는 현재의 일이 되겠지요.

코카콜라는 우리가 잘 알고 있는 판타나 스프라이트 외에도 킨리Kinley라는 성장단계에 있는 정수 및 탄산수 브랜드도 갖고 있습니다. 상품 다양화를 하며 시장을 다각도로 준비하고 있는 것이죠. 지금 잘 팔리는 제품이 나중에도 잘 팔리면 좋겠지만, 우리의 삶은 길고 상황은 언제든 달라질 수 있습니다. 그래서 일정 부분은 미래를 위해 떼어놓아야 합니다. 수입의 일정 부분을 저축하여 미래를 위해 남겨두는 것처럼 시간의 일정 부분을 미래의 나를 위해 떼어놓아야 하는 것이죠.

중요하지만 급하지 않은 일은 제품 수명 주기의 초창기 제품과 같아요. 당장 수입으로 이어지지는 않지만, 미래의 내 삶을 변화시킬 수 있습니다. 그것은 내 장점을 갈고 닦는 일이 될 수도 있고, 미래에 수입원으로 예상되는 일, 일의 생산성을 향상시킬 만한 공부가 될 수도 있습니다. 당장은 눈에 보이지 않더라도 자신의 재능을 발전시키는 데 시간을 쓴다면 삶은 이전과 비교할 수 없을 만큼 우상향하게 됩니다. 자신의 장점을 장기간 연구하고 발전시킨 인사이트, 에피소드, 실력이 쌓여서 조합되면 나만의 킬러 콘텐츠가 생깁니다.

미리 준비하고 닦아놓아야 정말 기회가 왔을 때 잡을 수 있습니다. 라이프 사이클이 다른 일들이 동시에 내 삶에서 돌아가야 합니다. 그래야 일의 결과물과 수입이 큰 등락 없이 일정한 수준으로 이어질 수 있습니다. 일단 처음에는 미래의 일 하나를 돌리는 것에 집중하고 익숙해지면 더 늘리도록 합니다.

하루에 1~2시간만 미래의 나에게 양보하세요. 급여계좌에서 일정 부분을 적금으로 자동이체 시키는 것처럼, 이 시간을 갈고 닦으면 복리가 되어 자신에게 되돌아올 것입니다.

햇볕을 모은 볼록렌즈처럼 강렬해지도록

목표 레이어는 한 번에 하나씩만 띄운다
자기계발하려고 책상에 앉았는데 계속 다른 할 일이 생각나서 집중하기 힘들었던 경험은 누구에게나 있을 것입니다. 한 번에 달성해야 할 목표가 여러 가지면 이런 증상이 발생합니다. 목표에 다다른다는 것은 게임에서 레벨을 올리고 캐릭터를 키우는 과정과 비슷합니다. 한 번에 여러 목표를 이루려고 하는 것은 여러 새로운 게임을 동시에 하는 것과 비슷해요. 익숙한 게임이라면 여러 가지를 한 번에 해도 상관없습니다. 하지만 내가 이제까지 해본 경험이 없다면 처음에는 게임을 파악하고 익숙해지는 데 시간과 에너지가 많이 들어갑니다. 이처럼 목표 하나를 달성한 경험을 토대로 또 다른 목표를 달성하는 것이 훨씬 빠릅니다.

어떤 목표든 처음에는 실력이 금방 늘지 않습니다. 뭐가 뭔지 몰라도 그냥 내가 성장할 때까지 해보는 기간이 필요합니다. 그 기간을 넘기고 실력이 조금 상승한 다음부터는 재미가 붙기 때문에 의지력이 훨씬 적게 듭니다. 또한 한 분야에 대해 약간의 전문성이 쌓이고 나보다 한 단계 낮은 초심자들을 가르칠 수 있을 정도가 되면 목표를 이룬다는 것이 힘은 들지만 불가능한 수준은 아니라는 것을 체감하게 됩니다. 어떻게 하면 이룰지 목표에 대한 방향성이 생기고 자신감이 생겨서 훨씬 더 쉽게 접근할 수 있습니다.

포토샵 작업을 할 때는 한 번에 한 개의 레이어만 작업할 수 있습니다. 상관없는 내용이라면 나머지 레이어는 안 보이도록 꺼두어야 작업을 하기 쉽습니다. 우리의 두뇌도 그와 같습니다. 한 번에 달성할 목표가 많다면 '이것도 해야 하는데' '저것도 해야 하는데'라고 두뇌가 컴퓨터 프로그램을 여러 개 열어놓은 것과 비슷한 상태가 됩니다. 그러면 무의식적으로 압박감을 느끼고 스트레스를 받아 지금 해야 하는 목표에 집중하기가 힘듭니다. 컴퓨터로 치면 다른 프로그램이 램RAM을 잡아먹으며 속도가 전체적으로 느려지게 되는 것과 같죠.

무의식까지 사용하며 발전하기 위해서는 머리와 가슴 모두 지속적으로 하나의 목표만 매진해야 가능합니다. 지금 여러 개 목표에 동시에 매진할 수밖에 없는 상황이라면 그것을 유기적인 하나의 목표로 연결하는 것을 추천합니다. 제가 처음에 연구했던 주제는 '회사어 말하기' '좋은 중간관리자 되기' '생산성 올리기' 이 3가지였는데, 이것은 큰 관점에서는 '회사에서 더 일을 잘하기' 위해 필요한 것으로 이어져서 자료 조사를 하거나 이론을 만들 때 하나로 연결되며 시너지가 났습니다.

할 수밖에 없도록 의지력보다 환경을 세팅하라

직장인이나 학생이라면 목표를 달성하기 위해 일과 시간 전이나 후에 시간을 내야 하는데요. 아침에는 일찍 일어나기가 너무 힘들고 저녁에는 갑자기 일이 생기거나 에너지가 거의 남아있지 않을 정도로 피곤해 힘듭니다. 이럴 때는 의지력보다 환경을 세팅하는 것도 좋습니다. 제가 한 방법은 저의 특성과 당근을 이용한 거였어요.

저는 정말 게을러서 4년 동안이나 일찍 일어나야겠다고 결심만 하고 실천을 못 하고 있었습니다. 저는 외향형(MBTI의 E 성향)이라 저 자신과의 약속은 잘 못 지켜도 다른 사람과의 약속은 잘 지키는 편인데요. 전화 영어 수업을 평소 일어나는 시간보다 1시간 일찍 일어나 4개월 정도 했더니 자연스럽게 일찍 자고 일찍 일어나게 되더라고요. 일찍 일어나는 패턴이 만들어진 후에도 한동안 산책하기나 일기 쓰기 같은, 좋아하는 일부터 시작했습니다. 그 후로는 1~2시간 일찍 회사 근처의 카페로 출근해 좋아하는 에스프레소를 마시며 중요하지만 급하지 않은 일을 했죠.

아침에 일찍 일어나는 또 다른 방법은 기간을 두고 서서히 일어나는 시간을 당기는 것입니다. 1주에 30분씩 2주간 기상 시간을 당기다 보면 한 시간 일찍 일어날 수 있습니다. 일찍 일어나기 위해서는 모든 재미있는 유혹을 뿌리치고 일찍 자는 것이 매우 중요합니다. 그리고 일찍 일어나는 것이 익숙해지고 정착되기까지는 우선 그 시간에 자신이 좋아하는 일을 해보세요. 기상 시간을 일찍 당겼는데 바로 하긴 싫은 의무 같은 일을 하면 경험상 실패하기 쉽더라고요. 아침에 일어나야 하는 것도 싫은데, 하기 싫은 일까지 하면 일찍 일어나야 하는 동기가 잘 안 생기니까요. 그렇게 해서 시간 패턴이 익숙해지면 그때 하기 싫었던 다른 일들을 해도 늦지 않습니다.

아침 일찍 일어나는 루틴을 만들 때 저는 인스타그램 계정에 아침 루틴을 몇 번째 실행했는지 올렸어요. '아침 산책 Day 14' 이런 식으로요. 카카오톡 단톡방에 일찍 일어난 것을 인증하는 것도 많이들 하는데, 단톡방은 특성상 다른 사람이 올린 것도 자연스럽게 보게 되고 그것을 보다 보면 고요한 아침 시간이 정신없어지는 느낌이 들더라고요. 하나씩 시도하면서 각자에게 맞는 방법을 찾으면 좋을 것 같습니다.

나라는 캐릭터를 레벨업하는 계획과 실천

MBTI 등 나의 특성을 활용해 계획 짜는 법

자신의 MBTI가 어떻게 되나요? J유형과 P유형의 게으름이 다른 양상을 띤다는 것, 알고 있나요?

J유형은 계획을 잘 실천하는 것으로 유명한데요, 이는 일을 판단하고 어떤 형태로든 '마무리하는 것'이 마음이 놓이기 때문입니다. 통제가 가능한 상황을 좋아하는 J유형은 계획하고 혹시 못 지킬 경우를 대비한 대안도 짭니다. J유형이 계획을 실행하지 못하는 경우는 계획이 초반에 틀어지면서 스트레스를 많이 받아 통으로 다음날로 미룰 때입니다. 책임감이 강한 편이기 때문에, 마감에 맞추려고 잠을 줄이며 건강을 해치는 모습도 종종 봅니다. 그렇게 회사에서 체력을 소진하고 집에 돌아오면 지쳐서 계획을 미루게 되기도 합니다.

P유형은 더 많은 가능성을 염두에 두고 선택과 결론을 유보하는 편입니다. 왜냐하면 늘 '더 좋은 무엇인가'가 있을 거라고 믿기 때문입니다. 상황은 유동적이라고 생각하고 충동성이 강해서 시간이 닥치면 그때 하고 싶은 것을 선택하기를 좋아합니다. 그래서 해외여행을 가도 시간 단위 계획을 세우는 J유형과는 달리 지역, 항공권, 숙소 등 대략적인 것만 정하고 상황에 따라 계획을 바꾸기도 합니다. P유형의 게으름은 J유형과 다릅니다. 이들은 계획조차 세우지 않습니다. P유형은 업무를 할 때 질을 높이려고 끝까지 수정하고 완벽에 집착하다가 마감을 놓치고 밀리는 경우가 있습니다.

목표를 세울 때 '나의 개인적인 특성'을 감안해서 잡았는데요. 계획하고 행동하는 법은 MBTI의 특성을 활용해보겠습니다. 16개의 MBTI는 크게 아래 4가지 특성으로 나눌 수 있습니다. 목표를 달성하는 데 나의 특성을 활용하여 도움이 되도록 해보세요.

- **MBTI 유형별 특성 요약**

  _NT_ : '내가 이만큼 똑똑하다!' 지적 호기심, 능력 추구, 논리적 성향

  _NF_ : '내가 이만큼 특별하다!' 창의성, 자신과 타인의 성장 추구, 이상적 성향

  _S_J : '내가 이만큼 모범적이다!' 성실함, 안정 추구, 현실적 성향

  _S_P : '내가 이만큼 매력적이다!' 예술성, 자극 추구, 감각적 성향

저는 관종 중에 하나인 ENTP입니다. '나 잘난 맛'에 사는 대표적 유형이지요. 모든 유형이 그렇겠지만 NT 유형은 특히 내가 쓸모 있다는 느낌인 '자기효능감'이 중요합니다. ENTP 유형은 자랑하는 것을 좋아하기 때문에 목표를 이룰 때 힘들더라도

내 능력을 쌓는 과정이라고 생각하면 견디기가 쉽더라고요.

다음의 예시는, 장기목표가 '집의 실내 환경을 쾌적하게 하는 것'일 때의 할 일을 적어본 것입니다. ENTP인 저는 단순하고 반복적인 집안일을 싫어하고 무척이나 게으릅니다. 재미있어 보이거나 확실한 목적이 있어야 시작합니다. 저는 운을 좋게 하는 데 청소가 도움이 된다는 것을 알고 나서야 본격적으로 하게 되더라고요. ENTP는 아이디어를 발전시키는 것을 좋아하는데 이것이 실현되려면 적어보는 것이 중요합니다. 아이디어가 생각에만 그치면 그저 공상만 되니까요.

ENTP인 저의 계획하는 방식은 아래와 같습니다. 일할 때 빼고는 계획을 잘 세우지 않아서, 처음부터 각 잡고 적지 않고 노트에 그냥 이런저런 떠오르는 고민이나 생각들을 적어봅니다.

'성공하는 사람은 집이 깨끗하다고 한다.'
'청소해도 그때뿐이다.' → '이유가 뭘까? 자꾸 물건이 테이블 위에 너무 많이 나와 있다.'
'아, 수납공간이 부족한가 보다.' → '쓸데없는 물건을 버리고 수납할 가구를 사야겠다!'
'청소 후 깨끗하게 유지하려면 청소습관을 길러야겠다.' →

'그런데 일하고 난 뒤에는 너무 피곤하니까 아침에 해야 겠다.'

끈기가 없는 저는 이렇게 일단 적어만 놓습니다. 그리고 생각나면 또 들여다보고 쪼개고 순서를 배치해봅니다.

- **장기목표** : 집의 실내 환경을 쾌적하게 하는 것 → 이유: 청소하면 성공한대!

장기목표는 아래의 단기목표 3가지로 대략적으로 나눌 수 있습니다.

- **1차 단기목표** : 안 쓰는 물건 버리고 청소하기
- **2차 단기목표** : 수납 가구 구매하고 배치하기
- **3차 단기목표** : 집을 깨끗이 유지하기

이렇게 단기목표를 찾았다면 거기에 맞는 할 일을 적고 배열해 봅니다.

- **1차 할 일** : 안 쓰는 중고 물건 나눔, 버리기, 청소
- **2차 할 일** : 가구 크기 예상하여 재기, 가구 구매하고 배치

- **3차 할 일** : 모든 물건 제자리에, 아침에 10분 청소기 돌리고 출근

　저는 모든 유형에게 계획을 완벽하게 세우라고 권하지 않습니다. 계획을 너무 열심히 짠 나머지 실천할 힘이 안 남는 경우도 있거든요. 이것은 마치 전날 학교 숙제를 열심히 해서 밤을 새운 나머지 다음 날 결석하는 것과 비슷합니다. 계획을 끝까지 짜기 전에 시작해도 됩니다. 하다 보면 그 위치에서만 보이는 것들이 있습니다.

　다만 무엇인가를 하기 전에 대략적으로 할 것들을 적어보고 먼저 해야 할 것과 나중에 해야 할 것을 정하면 로드맵이 되는데요. 실행하다가 중간에 한 번씩 보면서 처음 내가 하려던 목적을 상기시키는 데 도움이 됩니다. 목적지가 있을 때 지도 앱을 켜고 갈 곳을 검색하면 어느 지하철이나 버스를 타고 가야 하는지 안내해주듯 비슷한 역할이라고 생각하세요.

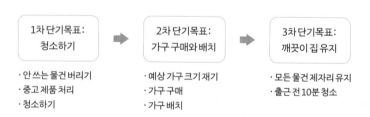

할 일 로드맵 '집의 실내 환경을 쾌적하게 하는 것' 예시

이 일들은 할 일의 특성에 맞게 묶어 시간대를 배치하여 효율적으로 실행할 수 있습니다.

- **퇴근 후의 나, 주말의 나(몸을 쓰는 일)** : 대청소, 실제 가구 배치
- **출퇴근 시간의 나(인터넷 서핑 가능)** : 내가 꾸미고 싶은 스타일 찾기, 가구 스타일 찾기
- **새벽 시간의 나(창의력 높은 시간)** : 동선 배치도 그리기 및 필요한 가구 구매

실행은 1~2개만 상상 가능하게

유명한 호텔 뷔페에 갔다고 가정합시다. 맛있는 음식은 많아도 위장 용적은 한정되어 있어서 잘 먹기 위해서는 순서를 정해야 합니다. 처음에는 부드럽고 따뜻한 음식을 먹어 속을 달래고 기름진 음식은 뒤에 먹습니다. 끝은 디저트로 마무리합니다. 이렇게 잘 먹기 위한 계획을 짜도 어차피 우리는 한 번에 한 음식만 먹을 수 있습니다. 잘 실행하는 것도 이와 비슷합니다.

계획을 실천할 때 가장 어려운 단계가 '행동 전' 단계에서 '행동' 단계로 옮겨가는 것인데요. 계획을 할 때 '언제, 어디서, 어떻게 할 것인지를' 미리 적어보는 것만으로 행동할 확률이 높

아진다고 합니다. 심리학자인 미국 뉴욕대의 피터 골위처Peter Gollwizer 교수와 취리히대학교의 베로니카 브랜드스테더Veronika Brandstaetter 교수는 111명의 대학생을 대상으로 크리스마스 휴가에 무엇을 할 것인지 2가지 목표를 정하고 그 성공 여부를 확인하는 실험을 했는데요. 자세하게 작성한 그룹의 달성률이 더 높았고, 특히 어려운 계획의 경우는 3배가량이나 높았습니다. 이것을 실행 의도Implementation Intentions라고 하는데, 무언가를 정할 때 'A라는 상황에서 B를 한다'라고 정하면 좋다고 해요. 단, 한 번에 너무 많은 계획을 하는 것은 오히려 실행력이 떨어진다고 합니다.

꾸준히 해야 하는 행동은 '자기 전에 양치질한다'처럼 규칙화하면 좋습니다. 제가 집안 청결을 유지하기 위해 지키는 규칙은 아래 2가지입니다.

- '샤워하기 전에 뜨거운 물 나올 때까지 화장실 변기 가볍게 청소하기(3분)'
- '출근 전 거실 탁자 위 물건 치우고 바닥에 떨어진 머리카락 치우고 나가기(15분)'

이게 습관화되면 신기하게도 하나도 귀찮지 않습니다. '집의 실내 환경을 쾌적하게 하는 것'을 위해 안 쓰는 물건을 버리고 수납공간을 늘린 뒤로는 모든 물건이 제자리를 찾게 되면서 청소 시간이 굉장히 짧아지더라고요. 집의 서랍들이 폴더처럼 여겨져서 마치 파일 정리하듯 물건들을 해당하는 카테고리의 서랍에 쏙 집어넣게 됩니다. 집 안의 디폴트 상태가 '어지러운 상태'에서 '깨끗한 상태'가 되는 것입니다. 컴퓨터 바탕화면이 늘 이것저것 가득 찬 사람이 있고 늘 깨끗한 사람이 있는 거랑 비슷합니다.

집 안의 깨끗함을 한 단계 업그레이드한 사건이 있는데요. 《돈을 좋아하는 사람 돈이 좋아하는 사람》이란 책을 보니 부자의 특징 중 하나가 거실 테이블이 늘 깨끗한 것이라고 하더라고요. 이 점을 알게 된 후 따라 하려고 애쓰다 보니 집 안이 비약적으로 깨끗하게 되었습니다. 마치 공공도서관 열람실의 책상을 잠시 빌려서 쓰듯, 테이블 위가 아무 물건 없이 깨끗한 일상이 제 인생에도 펼쳐지고 있습니다.

행동을 강화하기 위해서는 꾸준한 보상이 필요한데요. 외출했다가 집에 왔는데 깨끗하면 기분이 좋아서 자동적으로 보상이 됩니다. 어지럽힌 방을 보면 들곤 했던 '아, 난 쓰레기인가봐' 같은 생각이 들지 않아 자기효능감에도 매우 도움이 됩니다. 이렇게 출근 전에 청소하려면 10~20분 정도는 여유가 있어야 하니까 30분 일찍 자면 됩니다. 지금 자는 시간에서 30분만 일찍 자면, 매일의 기분이 30%쯤 좋아집니다.

회사에서 일할 때도 미리 캘린더를 보는 습관을 길러, 중요한 일을 하기 적어도 일주일 전에는 나를 그 시점에 데려다 놓은 상황을 상상하며 할 일을 계획하고 예상되는 문제를 적고 대안을 세워보면 좋습니다.

상상을 구체적으로 할수록 계획을 지킬 확률도 높으니, 이렇게 목표 1~2개만 '언제, 어디서, 어떻게' 할지 정해보세요. 계획하는 것을 좋아한다면 걸리는 시간, 비용, 도움 청할 사람 등을

할 일	어떻게 (세부 할 일)	언제+예상 소요 시간	예산 (필요하면 적기)	인력 (필요하면 적기)
안 쓰는 물건 버리기	안 쓰는 물건 쓰레기 봉투에 넣기	8시간	쓰레기 대봉투 비용 0000원	없음
중고 제품 처리하기	안 쓰는 가구 버리기	1시간	대형 쓰레기 스티커 비용 0000원	친구 OO에게 1시간 옮기기 도움 문의
	쓸 만한 중고제품 무료 나눔 사이트 등록	30분	0원	없음
	쓸 만한 중고제품 무료 나눔 사이트 나눠주기	일주일 (대기 후 연락 오면 나가기)	0원	없음

실행 계획하기 '집의 실내 환경을 쾌적하게 하는 것' 예시

적어보는 것도 좋습니다. 예를 들어 옆의 표처럼요.

이렇게 할 것이 명확하고 예상 기간을 가늠하기가 수월한 것도 있지만 체지방 감량 같은 긴 시간이 필요한 것은 가늠하기 힘듭니다. 이때는 월 단위로 결과가 아닌 시간의 투입량을 입력합니다. 시간과 인력의 비용은 반비례합니다. 전문가에게 의뢰하면 내가 직접 하느라 시간을 많이 쓸 일도 줄어들 수 있으니 가능하다면 비용을 지불하고서라도 전문가에게 맡깁니다.

시간과 에너지 분배를 최적화한다

내가 투입할 수 있는 가용 시간 계산하기

목표를 이루기 위해 스케줄을 짜기 전에 먼저 해야 할 일이 있습니다. 바로 가용 시간을 계산해보는 것인데요. 목표 달성을 위해 투입할 수 있는 시간을 계산하고 세부 목표로 쪼개는 데 도움을 줍니다. 단기 프로젝트인 경우엔 미리 시간을 확보하지 않고 유동적으로 해도 괜찮지만, 6개월 이상 하는 업무의 경우엔 최대 가용 시간을 미리 생각해보고 하는 것이 좋습니다.

본인이 일어나는 시간 후와 자는 시간 전, 출퇴근 사이에 사용할 수 있는 시간을 색칠해보세요. 이 책의 부록에는 자세한 실행 방법이 나옵니다. 내가 쓸 수 있는 시간을 계산한 다음에는 각 목표에 해당하는 할 일을 작성하면 됩니다. 할 일 목록을 작성할 때는 처음부터 너무 무리하지 않는 게 좋은데요. 목표를 처음부터 무리하게 잡으면 달성하지 못하는 날이 많아서 자괴감을 느끼고 처음부터 포기하기 쉽기 때문입니다. 만약 목표 달성이 너무 쉽다고 느껴지면 그때 가서 난이도를 조절하는 편이 더 낫습니다.

저는 예전 직장을 다닐 때 출퇴근 전후로 최대 3시간까지 가용 시간을 확보할 수 있었어요. 그런데 하루에 쓸 수 있는 가용 시간을 목표 달성에 다 써버리니까 2주 만에 정신이 피폐해지더라고요. 그래서 가용 시간이 하루에 3시간이라면 목표 달성을 위해 실행하는 시간은 2시간을 넘기지 않도록 하는 것을 추천합니다. 또, 목표를 세울 때는 가능한 수준의 60~70%선 정도로 잡는 것이 적당해요. 목표가 너무 높으면 못 지켰을 때 자괴감이 들 테고, 너무 낮으면 성취감이 생기기 어려우니까요.

다음의 예시를 보면 저는 출근 전 1시간과 퇴근 후 1시간 정도를 가용 시간으로 계산하여 색칠해보았습니다. 직장인이라면 대략적으로 하루에 3시간 정도 가용 시간이 나오는데요. 처음에는 무리하지 말고 가용 시간을 차차 늘리는 것을 추천합니다.

Weekly Schedule 2023 ( )월							
	( )	( )	( )	( )	( )	( )	( )
	Sun	Mon	Tue	Wed	Thur	Fri	Sat
7am							
:15							
:30							
:45							
8am							
:15							
:30							
:45							
회사							
7pm							
:15							
:30							
:45							
8pm							
:15							
:30							
:45							
9pm							
:15							
:30							
:45							

유동적으로 체크해야 지속할 수 있다

'아침 조깅 30분 내외'라는 목표를 정했다면 앞의 시간표의 색칠한 시간에 하고 나서 표시해보세요. 정확하게 시간을 정하지 않는 이유는 유동적으로 하는 것이 지속적으로 하기 좋기 때문입니다. 예를 들어 아침 조깅을 매일 30분 하기로 정했다면, 너무 바쁠 경우 건너뛰게 됩니다. 하지만 10~30분 사이라고 정해놓으면 그날의 상황에 따라서 지속할 수 있습니다.

참고로 장기목표와 관련된 일은 일과를 시작하기 전에 하는 게 좋습니다. 우리 두뇌가 가장 창의적인 시간이 바로 아침에 일어난 직후이기 때문이거든요. 또한 가장 중요한 일을 빠뜨리지 않기 위해서도 하루 중 가장 이른 시각에 처리하는 게 좋습니다. 저녁에 학원이나 운동을 등록했다가 갑자기 다른 일이 생겨서 못 갔던 경험을 떠올려보면 이해하기 쉽습니다. 물론 아침형 인간이 아니라 저녁형 인간도 있을 수 있습니다. 본인의 시간별 에너지 레벨이 어떤지 한번 살펴보고 계획을 잡아보세요.

예전에 글 쓰는 연습을 할 때는 아침에 일찍 회사 근처 스타벅스에서 에스프레소를 마시며 글을 썼다고 한 바 있습니다. 아침에 일찍 일어나기 위해서는 일찍 자는 것이 중요한데요. 밤에 호기심이 생기는 것을 발견해도 자기 전에 '내일 아침에 일찍 일어나서 맛있는 에스프레소 마셔야지' 하는 기분 좋은 생각을 하면서 잠이 들었습니다. 아침에 저절로 눈이 떠지는 '나만을 위한 당근'을 하나 찾아보세요. 아래는 에너지 레벨별 기분 상태와 할 일을 적어본 것입니다. 시간 배분할 때 참고해보세요.

에너지 레벨	특성	할 일 예시
가장 높음	다른 이의 방해가 없는 나만을 위한 시간, 집중력이 높고 기분 좋은 상태	적어놓은 장기목표 보기, 명상, 산책, 차 마시기, 일기 쓰기
중간 높음	생산성이 높고 창의력이 높은 시간, 중요하고 급하지 않은 일, 시스템을 만드는 일	장기목표 실행, 자기계발, 운동
중간	흘려보내기 쉽지만, 장기적으로 사용하면 입력을 위해 좋은 시간, 짧은 단위의 일 적합	독서, 오디오북 듣기, 영어 듣기, 온라인 쇼핑
낮음	머리는 지쳐 있으므로 어렵지 않고 몸으로 하는 일이 맞음, 반복적이고 기계적인 일 적합	청소, 자기계발 중 창의력이 별로 중요하지 않은 일, 운동
가장 낮음	휴식하고 내일을 준비하는 시간, 스마트폰 금지, 자극적이지 않은 일 적합	적당히 지루한 책 읽기, 체조, 내일 할 일 목록 보기

죽었던 시간도 살려내는 법

하루 24시간은 칼같이 정해져 있는데, 가용 시간을 어떻게 하면 늘릴 수 있을까요? 바로 쓸데없는 일을 줄이면 됩니다. 체지방을 감량할 때, 운동과 식단을 병행하면 감량 속도가 더 빨라지잖아요? 그 원리와 비슷합니다. 꼭 해야 할 일을 먼저 하고 중요도가 낮은 일들은 최소화하는 것이죠. 'To Do List'보다 'Not To Do List'가 더 중요하다는 말도 있더라고요.

저는 일과를 의무도와 선호도에 따라 버블차트를 만들어 나눴습니다. 버블의 볼륨(크기)으로 중요도를 책정하고, 의무도와 선호도가 낮은 일들은 '하지 않을 목록'으로 정해 자신과 약속하는 거죠. 목표에 다가가기 위해 구체적으로 무엇을 어디까지 포기할 수 있을지 한번 생각해보는 거예요. 개인적인 일은 회사 일과 다르게 의무의 레벨이 다릅니다. 시간을 들여서 하지만 굳이 많은 시간을 들이지 않아도 삶에서 문제되지 않는 일도 있을 수 있죠.

다음은 제가 회사일 이외의 개인적인 일들을 분석하기 위해 만들어본 '의무X선호 매트릭스'입니다. 회사 일은 어차피 출근하면 우선순위를 정해서 하기 때문에 여기에 넣지 않았지만, 회사 일을 잘하기 위한 요소들은 오른쪽 중상단에 넣었는데 대부분 직간접적으로 연관이 있습니다. 예를 들면 회사업계 파악하기, 글 쓰는 능력 발전시키기, 아카이빙 기술 발전시키기 등이 직접적으로 연관이 있고요. 산책하기와 일기 쓰기는 멘탈 관리에 도움을 줘서 간접적으로 연관이 있습니다.

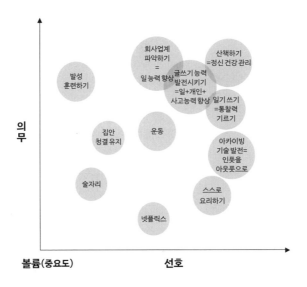

회사업계
파악하기
=
일 능력향상

글쓰기 능력
발전시키기
=일+개인+
사고능력 향상

산책하기
=정신 건강 관리

일기 쓰기
=통찰력
기르기

발성
훈련하기

집안
청결 유지

운동

아카이빙
기술 발전=
인풋을
아웃풋으로

술자리

스스로
요리하기

넷플릭스

의무

볼륨(중요도)   선호

'의무X선호 매트릭스' 예시

개인적인 일도 마찬가지로 의무와 선호가 높은 일들에 시간을 많이 투자하는 것이 좋겠죠. 좋아하지 않지만 의무도가 높은 일들을 하면 스스로 보상해주는 것이 좋습니다. 저는 마감이나 회사에서 힘든 일을 마치고 나면 맛있는 식사를 천천히 즐기면서 먹는 시간을 가집니다. 은은한 조명과 음악이 있고 예쁜 식기를 쓰는 곳에서 말이지요. 의무와 선호가 둘 다 낮은 일들은 가능한 한 삭제해버리고 선호가 높고 의무가 낮은 것들은 내가 좋아하는 일이니까 정신건강을 위해 종종 해주는 것이 좋습니다.

- '의무X선호 매트릭스를 이루기 위해 지킬 것' 예시

  넷플릭스는 하루에 딱 1편만 보기

  집 안에서 SNS 사용 금지

  11시 전에 자고 7시 전에 일어나기

이외에도 수질을 개선하는 것처럼 시간의 질을 생산적으로 바꾸는 방법도 있습니다. 하천의 수질을 개선하면 물고기가 살 수 있고 생태계가 다시 살아나듯, 집중력을 개선하면 시간의 질이 높아질 수 있습니다.

시간의 질을 개선하는 방법으로 유산소 운동을 권합니다. 콜럼비아 대학교 연구진의 연구결과에 따르면, 20~67세 사이의 정상 인지 능력을 가진 132명의 성인 중 주 4회 6개월간 유산소 운동을 한 그룹에서 실행 기능Executive Function이 유의미하게 좋아졌다고 합니다. 실행 기능은 목표 지향적인 행동을 추구하게 해주고, 일상적이지 않은 사건에 직면했을 때 본인의 자원을 적절하게 분배하여 사용할 수 있게 해줍니다. 노화가 진행되면 이 기능이 가장 먼저 떨어지게 되죠. 이처럼 유산소 운동은 두뇌 활력에 영향을 미쳐 시간의 질을 개선하는 데 도움을 줍니다.

3단계.
기록과 회고 :
목표를 현실화하는 나침반 만들기

목표가 손에 잡히는 효과적인 기록법

한 주제로 깊이 생각하면서 편집 가능한 노트

제 인생에서 노력의 질에 변화가 생긴 시점은 손으로 직접 한 주제에 대해 쓰는 것을 지속한 뒤부터입니다. 하나의 주제로 쓰는 노트는 가치관의 방향을 설정하고 목표를 세우고 능력과 상황에 맞게 조절해나가는 긴 여정에 동반자가 되어 줍니다. 저는 '커리어'와 '말하기'의 2가지 종류로 노트를 썼습니다. 특히 커리어는 이런 노트 쓰기에 매우 적합한 주제입니다.

실제로 손으로 쓰면 두뇌가 더 활성화되어 기억이 잘 난다고 합니다. 프린스턴 대학교 팸 뮬러Pam Mueller 연구원과 UCLA 대니얼 오픈하이머Daniel Oppenheimer 연구원의 공동연구에 따르면 강연을 들으며 필기한 그룹과 노트북으로 타이핑한 그룹에서 사고력의 차이를 보였는데요. 특히, 개념 활용에서 손글씨를 사용한 그룹이 월등하게 높은 점수차를 보였습니다. 손글씨는 타이핑보다 느리기 때문에 적으면서 우선순위를 기억하고 판단하고 요약하는 과정에서 개념화가 일어나는데 이 과정에서 두뇌를 많이 쓰게 된다고 합니다. 일주일 뒤 재시험에서도 비슷한 결과를 보였고요. 실제 뇌과학자들 연구에 따르면 손글씨를 쓰는 것과 타이핑을 하는 것은 두뇌의 영역이 다르며 손글씨를 쓸 때 훨씬 두뇌의 활성도가 높아진다고 합니다.

종이 노트의 장점은 한 주제에 집중하여 상상력을 펼치고 생각을 정리할 수 있는 것입니다. 고민만 하고 적지 않으면 다시 고민할 때 처음으로 돌아가서 같은 고민을 하며 되돌이표가 되는데, 노트에 한 주제로 이어서 적으면 내가 어디까지 고민을 했는지 알 수 있고 나중에 다시 볼 때 이어서 고민을 할 수 있어 매우 효율적입니다.

생각이 구체화되니 실질적인 해결방법도 모색하게 되더군요. 내적으로는 인사이트가 생기고 타인에게도 보여줄 수 있는 콘텐츠를 만들게 된 밑바탕이 되었습니다.

주제별 노트를 만드는 방법은 간단합니다. 보기에 좋고 가지고 다니기 편리한 크기의 노트를 삽니다. '커리어'처럼 첫 장에 고민할 주제의 제목을 쓰고, 일주일에 몇 번 시간을 정해서 내가 갖고 있는 생각이나 한 일을 적어보는 것이죠. 이때 동시에 작성하는 노트는 최대한 1~2개의 주제를 추천합니다.

단기간에 생각을 정리하고 싶을 때는 포스트잇에 생각을 적어서 벽이나 화이트 보드에 붙여보는 것도 도움이 됩니다. 먼저 관련된 생각을 나열하고, 왜 그런 것인지, 어떻게 그런 것인지 이유, 설명, 예시 등을 적어봅니다. 그리고 카테고리를 만든 후에 위계와 순서를 만듭니다.

이렇게 한 주제로 쓰면 과거, 미래, 현재를 오가며 나의 발전을 볼 수 있습니다. 사람은 망각의 동물이라서 무엇인가를 잘하면 원래 본인이 잘했다고 오해하기 쉽습니다. 다시 초심으로 돌아가게 해주는 도구의 역할도 합니다.

목표에 다가가기 위한 연구와 실행이 같이 되어야 한다

목표에 더 빨리 가까워지려면 이론과 실재가 함께해야 합니다. 목표로 한 분야의 덕후나 전문가가 된다고 생각하고 위에서 언급한 기록뿐만 아니라 지식의 깊이도 깊어져야 합니다. 이를 위해서는 머릿속에 해당 분야에 대한 전문적인 지식을 습득해 자신만의 스키마Schema를 만들어야 합니다. 전문적인 지식을 습득하는 것과 트렌드를 따라가는 것은 다릅니다. 해당 분야의 최신 뉴스 기사를 읽는다고 해서 전문적인 지식이 저절로 쌓이 진 않습니다.

목표한 분야의 대중서와 이론서를 최소한 5권 이상은 읽어야 트렌드를 해석할 수 있는 안목이 생기기 시작합니다. 5권 이상 읽으면 머릿속에 책들이 공통적으로 말하고 있는 지식들이 겹치며 일종의 상像을 만들어내게 됩니다. 책은 목차가 있고 지식의 계층Hierarchy이 있어서 머릿속에 지식 체계를 만들기 용이합니다. 그렇지 않으면 마치 그물의 눈이 물고기에 비해 너무 큰 것처럼 지식이 머릿속에 담기지 않고 다 빠져나갑니다.

머릿속에 특정 분야의 스키마를 만드는 것은 마치 엑셀로 표를 만들어서 채우는 과정과 비슷합니다. 책을 읽으면서 전문 지식이 쌓이면 두뇌에 엑셀의 가로축과 세로축이 그려지게 됩니다. 그 후에 최신기사를 읽으면 엑셀의 해당하는 칸에 정보가 담기며 지식이 차곡차곡 쌓이게 됩니다. 여기서 한 발 더 나가려면 자기화하는 과정이 필요합니다.

자기화하는 과정은, 자료를 읽고 나서 인사이트가 있을 때 줄을 그어 표시한 뒤 나중에 모아서 중요한 부분을 다시 오프라인이나 온라인에 정리하고 자신의 의견을 덧붙이면 됩니다. 이 과정을 반복하면 특정 주제에 대해서 해석할 수 있는 자신만의 식견을 가지게 됩니다.

지식이 기억에 남아야 인출할 수 있습니다. 모든 지식은 인출하지 않으면 의미가 없습니다. 구슬도 꿰어야 보배니까요. 우리가 이루어야 할 이론적 목표는 나보다 한 계단 덜 올라온 초보자에게 설명할 수 있을 정도입니다. 실제로 아는 것인지 아닌지 헷갈릴 때는 다른 사람에게 설명해보면 알 수 있습니다. 모르는 것을 설명하려고 하면 말문이 막힙니다.

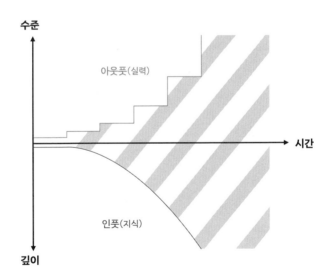

책의 앞부분에서 보여드린 목표(안목)와 아웃풋(실력)의 그래프 기억하나요? 안목과 실력의 차이를 보여드리느라 1차적으로 만든 것인데, 실제 체감은 이 그래프와 같이 목표 분야에 대한 지식(안목)이 깊어지며 실력(실력)이 높아집니다.

목표를 자주 보는 것만으로 실현에 가까워진다

"상상은 삶의 핵심이다. 다가올 미래의 시사회다."

이는 알베르트 아인슈타인이 한 말인데요. 많은 자기계발서에서 목표를 '적어서 자주 보라'고 말합니다. 우리는 적어도 하루에 한 번 이상은 컴퓨터나 스마트폰 화면을 봅니다. 온라인 메모장에 자신의 장기목표를 적어서 자주 보는 습관을 들이면 좋습니다. 저는 이 방식으로 재작년의 새해 목표였던 '수입원 3개 이상 늘리기'와 작년 새해 목표였던 '이직하기' 같은 목표를 이루었습니다.

제가 했던 방법은 온라인 메모 앱인 노션에 올해 목표를 적은 노트를 가장 상단에 두고 업데이트를 지속적으로 하는 것이었습니다. 당시 회사에 늘 조금 일찍 출근해서 즐겨찾기 해놓은 페이지를 클릭해 올해 목표를 먼저 보고 일을 시작하곤 했습니다. 해당하는 내용을 매일 보며 두뇌의 잠재의식에 새긴 것이죠. 혹시 자신의 목표를 다른 사람이 볼까 봐 염려된다면 노션의 토글(▶모양을 클릭하면 ▼으로 바뀌며 내용을 볼 수 있음) 기능을 활용하면 좋습니다. 요즘 목표에 소홀했다면 자동적으로 회고가 되면서 생각과 행동 모두 목표에 다시 집중하게 해줍니다.

가능하다면 내가 원하는 것을 상상하는 '시각화 테크닉Visualization Technique'도 좋은데요. 많은 프로 운동선수가 시각화 테크닉을 경기 전 루틴으로 하고 있습니다. 퍼팅의 귀재인 타이거 우즈 선수도 시각화 테크닉을 이용한다고 합니다. 방법은 자신의 관점에서 실제 경기장에서 시합에 나간 것처럼 온도와 바람 등 오감을 상상하는 것과 타인의 관점에서 보기 위해 비디오로 촬영하는 것, 2가지가 있다고 합니다. 운동선수들은 보통 이 2가지 모두 사용한다는군요. 우리의 두뇌는 자세히 상상하는 것과 실제를 잘 구분하지 못한다고 합니다.

스스로를 응원하는 동기부여용 자료 꾸준히 업데이트하기

학교 다닐 때 인기 있는 선생님들은 교과과목을 잘 알려주시는 것뿐만 아니라 동기부여도 잘해주셨던 기억이 납니다. 자신을 스스로 코치라고 생각하고 동기부여 문구들을 스크랩해 힘들 때마다 읽으면 목표를 완주하는 데 든든한 응원이 될 수 있습니다.

저는 앞서 언급한 온라인 메모 앱인 노션에 가장 상단에는 목표를 적고 그 아래에는 목표를 위한 실천법들이나 동기부여에 도움이 될 만한 좋은 글귀들을 계속 업데이트했습니다. 그리고 실천이 힘들거나 지겨워질 때 보면서 위로를 받았습니다. 예를 들면 아래와 같은 문구를요.

"There's very little in life that's worth achieving that isn't hard(인생에서 이룰 만한 가치가 있는 일 중에 어렵지 않은 건 거의 없다)."
- 미국의 물리학자 닐 디그래스 타이슨Neil deGrasse Tyson

유명인들이 말한 것 외에도 SNS에서 회자되는 날것의 문구들도 힘을 내는 데 굉장한 도움을 줍니다. 더불어 마치 좋아하는 스타를 덕질하듯 자신이 처음 했던 경험이나 잘했던 것을 기록하고, 그날의 할 일을 하기 전에 보면서 자신감을 충전해보세요. 할 수 있다는 용기가 생길 것입니다. 의외로 사람들은 자신이 잘못했던 것은 계속 불현듯 생각하지만, 잘했던 일은 의도적으로 일깨워주지 않으면 기억하기가 쉽지 않습니다. 예를 들면, 첫 급여를 받았던 기억, 상사에게 칭찬받았던 일, 회사에서 인정받았던 발표 등 생각나는 것은 모조리 적어놓으세요. 이렇게 잘한 것들을 누적해서 적어두면 자신이 어떤 분야에 재능 있는지 발견하는 데도 도움이 됩니다.

더 나은 실행을 위한 회고법

성공 요인을 더하고 실패 예상 요인을 빼라

일기를 보며 회고하는 것은 자신의 발자국을 보며 자신의 걸음걸이나 걸어온 방향을 깨닫는 것과 비슷합니다. 과거에 자신이 한 메모를 보면서 자신을 객관화할 수 있고 그래서 타인화한 자신을 분석하고 앞으로 나아가야 할 방향을 가늠할 수 있습니다. 목표로 나아가기 위해 할 일들을 꾸준히 잘하고 있는지 체크하기 위해서는 정량적 평가와 정성적 평가 모두 해야 합니다.

- 회고 체크리스트

1) 일주일에 몇 회나 실행했는가? 잘 지키거나 못 지켰다면 각각의 이유는 무엇인가?

2) 아웃풋에 변화가 보이는가? (온라인 콘텐츠 업로드라면 방문

자수, 댓글 수 등) 이유나 이유일 것으로 예상되는 것은 무엇인가?

3) 지속 가능성이 있는가? 지속 가능성을 높이려면 어떻게 해야 하는가?

4) 수면, 식사, 운동 등 멘탈 관리 3대장은 잘 지켜지고 있는가?

회고 체크리스트를 보며 성공 요인을 더하고 실패 예상요인은 제거합니다. 아침에 일찍 일어나 집에서 모닝페이지를 쓰기로 했는데 이것을 방해하는 늦게 자는 버릇이 반복되고 있다면, 왜 늦게 자는지 요인을 파악하고 제거합니다. 예를 들어, 퇴근 후 집에 오면 힘들어 침대에서 유튜브를 보는 것이 습관이라면 먼저 씻고 30분간 알람을 설정하고 유튜브를 본 후 끄는 습관을 들입니다.

지속 가능성이 가장 중요합니다. 일주일에 3회 50분 정도 아침 운동을 하는 것이 실제로 해보니 버겁게 느껴진다면, 일주일에 2회 30분으로 줄인 다음 익숙해지면 시간을 좀 더 늘리기로 합니다. 투입할 수 있는 시간 자원이 적으면 좀 더 오래 걸릴 뿐이지 어쨌든 목표를 달성할 수 있습니다. 지속할 수 있는지가 가장 중요합니다.

목표를 성취하는 것이 아무리 중요하다고 해도, 수면, 식사, 운동 등 생활의 중심축을 유지할 수 있는 것들에 소홀하게 되면 오래 지속하기가 힘듭니다. 너무 바빠서 루틴이 무너지면 나타나는 신호들이 있습니다.

- **경고 체크리스트**
  □ 아침에 눈 뜨는 것이 즐겁지 않다,
  □ 집에 설거지, 빨래, 쓰레기가 쌓였다.
  □ 손톱 깎을 시간도 없다.
  □ 퇴근해 집에 오면 씻을 힘도 없다.
  □ 식사를 대충 챙겨 먹거나 안 먹는 횟수가 늘어났다.
  □ 운동을 한 지 오래되었다.
  □ 잠자는 시간이 부족하거나 수면의 질이 좋지 않다.

취침시간과 기상시간을 기록하는 것은 중요합니다. 회사 일이 바빠 야근이 잦아져서 늦게 자고 모닝루틴이 불가능할 정도로 늦게 일어나는 일이 한 달 이상 반복된 적이 있습니다. 이때 피로도가 급격히 높아지며 삶의 의욕 또한 낮아지는 것을 발견할 수 있었습니다. 이런 상태가 6개월 이상 지속된다면 번아웃이 올 가능성이 커지므로 그러기 전에 대책을 마련해야 합니다.

수면시간을 기록하며 최적의 리듬을 찾아보세요. 저는 적합한 기상시간을 찾기 위해 4시부터 8시까지 다양한 시간에 일어나보았습니다. 그 결과 아침에 지나치게 일찍 일어나서 뭔가를 하면, 2주일 후 급속하게 우울해진다는 것을 알게 되었죠. 장기목표를 실천하기 위해서는 정신건강이 중요하므로, 지금은 6:30~7:30 정도에 기상 중입니다.

잠을 푹 자면 다음 날 생산성이 매우 높아집니다. 숙면을 위해서는 자기 전에 폼롤러로 몸을 풀고 스트레칭을 하면 효과적입니다. 유튜브에 '자기 전 스트레칭'으로 검색하면 관련 영상이 많습니다. 그중에 자신에게 맞는 것을 찾아서 10분이라도 피로를 풀고 잠자리에 드세요.

매일의 최선은 다르다는 것을 인정한다

우리는 기계가 아니라 유기체입니다. 어떤 날은 기분이 좋고 자신이 천재인 듯 느껴지며 좋은 아이디어가 샘솟지만 또 어떤 날은 감기기운에 컨디션이 저조하여 아웃풋이 평소보다 못합니다. 이렇듯 매일 할 수 있는 최선은 달라집니다. 우리의 목표는 매일 100점을 맞는 것이 아니라 전체적인 평점을 점차 높이는 데 있습니다.

하루 할 일을 못 지켰다고 자신을 자책하지 말고, 목표를 세우고 그것을 이루어나가는 길에 있는 자신을 칭찬해주세요. 그리고 앞으로 10분이라도 하면 됩니다. 작가지망생이나 작가들 중에서 '하루에 한 줄이라도 쓴다'가 목표인 분들이 많더라고요. 중요한 것은 매일 할 일을 하는 리듬을 잃지 않는 것입니다. 그것이 쌓이면 후에 엄청나게 성장한 자신을 발견하게 될 것입니다.

자신이 숨은 진주와 같은 주식이라고 생각하고 자신의 가치를 믿고 묵묵히 시간과 노력을 투자하세요. 가치 있는데 저평가된 주식은 결국 오르게 마련입니다. 주변에서 동료가 갑자기 승진하거나 좋은 직장으로 이직하는 등 성공 소식이 들려오면 자신감이 위축되고 비관하기 쉽습니다. 이때 적어놓은 일기장을 펼쳐보면 큰 위로를 받을 수 있습니다.

파도에 밀물과 썰물이 있듯 내 삶에도 좋은 일과 안 좋은 일이 밀려왔다 밀려갑니다. 일기를 써두면 내 삶에 변환점이 있을 때 들여다보고 흐름을 알 수 있습니다. 기록하지 않은 기억은 왜곡되거나 잊어버리기 쉽거든요. 일기에 있는 과거의 나는 힘든 일을 겪었지만 잘 해결해왔고, 행운이 따라서 좋은 기회를 잡은 적도 있었습니다. 지난날들이 리마인드 되며 살아낼 힘을 얻게 됩니다.

이렇게 해도 마음이 위로가 안 될 때는 약간의 유머도 좋습니다. 일이 잘 안되는 날 스스로 너무나 무능력하고 쓰레기 같다는 기분이 들 때 제가 하는 것은 "똥멍청이가 ○○도 한다고?" 시리즈입니다.

"똥멍청이가 집중이 안 될 때 두뇌 혈류량을 늘리기 위해 달리기를 한다고?"

"게으름뱅이가 이번 주에는 회사에 20분이나 일찍 갔다고?!"

이런 식으로 사소한 것들을 스스로 칭찬해주는 것입니다. 칭찬 일기를 쓰는 것도 도움이 된답니다.

추천 생산성 앱 및 주제별 일기 쓰는 법

To Do List에 적합한 노션

노션에서 제가 대표적으로 추천하는 기능 2가지를 소개하겠습니다. 노션으로 일기를 쓰면 필요에 따라 다른 뷰를 볼 수 있어서 편리합니다. 하나의 블록에 쓰더라도 리스트 뷰로 보면 주제별로 분류할 수 있고, 캘린더 뷰로 보면 날짜별로 체크가 가능합니다. 저는 노션에 감사일기, 커리어일기, 셀프코칭 등의 태그로 각각의 주제에 맞게 일기를 쓰고 필요할 때 다시 찾아보고 있습니다.

노션은 To Do List에도 적합한데요. 칸반보드Kanban Board 기능이 있어서 해야 하는 일과 이미 한 일을 구분할 수 있고 필터를 걸어서 이미 한 일은 안 보이게 할 수도 있습니다. 진행한 시간은 보이지 않고 날짜만 보여 중요한 개별단위의 일을 체크하기에도 좋습니다.

계획을 실행했다고 착각하지 않기 위한 캘린더

저는 목표 달성을 위한 일을 실제로 얼마나 자주 실행하고 있는지 체크하는 용도로 온라인 캘린더를 사용하는데요. 월간으로 살펴보면 목표를 달성해가는 흐름도 자연스럽게 파악할 수 있고, 자신의 페이스에 맞게 조절할 수 있어서 좋습니다.

저는 예정을 적는 캘린더와 이미 한 일을 적는 캘린더를 나누어 쓰고 있습니다. 구글 캘린더는 약속을 잡을 때 해당 일정에 선약이 있는지 확인하고 해당일이 되면 알람으로 리마인드 해주는 역할로 사용하고 있습니다.

그리고 이미 한 일은 네이버 캘린더에 다음과 같이 주제별로 적습니다. 원하면 일정을 모두 함께 볼 수도 있고 보고 싶은 캘린더만 체크박스에 체크하여 나누어 볼 수도 있습니다.

☐	[기본]콘텐츠 생산자의 루틴
☐	글쓰기
☐	식사
☐	운동
☐	독서/영화/강연

해당하는 목표 캘린더를 만들어서 진행 상황을 시간과 함께 적으면 얼마나 자주 했는지 볼 수 있습니다.

무엇이든 습관이 될 때까지 어느 정도 시간이 필요한데요. 저는 번호를 붙이면 습관으로 들이기 좋더라고요. 예를 들어 '아침 산책 Day1' 이런 식으로요. 이렇게 차곡차곡 쌓여 100개를 넘기면 숫자가 점차 늘어나는 것을 보며 기분도 좋아지고, 자존감 향상에도 도움이 된답니다.

만약 운동이라는 목표를 기록한다고 해볼게요. 기본적으로는 구글 캘린더나 네이버 캘린더에 카테고리를 추가해서 운동한 날과 시간을 적어도 되고, 노션의 캘린더를 이용해도 좋습니다. 또는 인스타그램에 달리기 계정을 만들어서 달린 날마다 사진을 업로드해도 좋아요. 기록의 목적은 얼마나 자주 했는지 체크하고 빼먹지 않도록 추이를 지켜보는 것이기 때문에 어떤 툴을 사용해도 괜찮습니다.

효과적인 온라인 아카이빙을 위한 업노트

앞에서 목표를 달성하기 위해서는 아웃풋만 아니라 인풋도 중요하다고 이야기했습니다. 목표를 이뤄나가면서 최신 정보를 업데이트하기 위해서는 온라인 스크랩이 병행되면 좋습니다. 예를 들어 이번 연도에는 근육량을 늘이고 체지방을 줄이는 것이 목표라면 '신체 건강', 자신의 커리어 패스를 위해 이직을 목표로 하고 있다면 '커리어', 이처럼 상위 개념을 파악한 뒤 카테고리를 만들어 자료를 업데이트합니다.

저는 예전에는 에버노트를 쓰다가 지금은 업노트를 활용하고 있는데요. 엄청난 스크랩 기능을 제공합니다. 웹사이트의 텍스트와 사진이 url과 함께 스크랩되어 해당 url이 없어져도 업노트에는 자료가 남습니다. 스크랩한 글에 밑줄을 치고 덧붙여 메모할 수도 있고, 개별 노트들은 위계를 만들어 폴더 정리를 할 수 있습니다. 폴더 정리가 중요한 이유는 이렇게 해야 두뇌에서 잘 사용될 수 있기 때문입니다.

저는 다음과 같이 큰 카테고리를 하위 카테고리로 분류하여 스크랩합니다. 이렇게 하면 해당 카테고리의 자료가 필요할 때

나만의 구글이 생긴 것처럼 유용한 기사들을 효율적으로 찾을 수 있습니다. 양질의 자료만 큐레이션했기 때문에 자료 검색의 질도 좋고 속도도 훨씬 빠릅니다. 그리고 자주 보는 중요한 노트는 상단에 고정해 리마인드하기에 좋습니다.

- **인생경영**
1. 계획하기
2. 투자
3. 커리어
4. 인테리어
5. 셀프 코칭

- **업무**
1. 업무일지
2. 보도자료
3. 상세페이지
4. 스토리텔링
5. 생산성 향상

노트북 이름은 상위부터 중요한 것 순서대로 하면 좋습니다.

업노트는 가나다순으로 노트북(폴더 개념)이 정렬되기 때문에, 정렬을 마음대로 하려면 제목 앞에 숫자를 넣어야 합니다. 업노트의 사용법은 에버노트와 유사합니다. 이미 인터넷에 사용법이 많이 나오기 때문에 따로 설명하지 않겠습니다. 업노트 앱을 다운받아서 결제하고(구독 형식이 아니라 딱 한 번만 결제하면 됩니다), 크롬 앱스토어에서 업노트 웹클래퍼를 다운받아서 페이지를 스크랩할 때 사용하면 좋습니다.

주제별 일기의 장단점

저는 2020년에 좋다는 일기 종류를 다 써보기로 결심하고, 목적별로 총 다섯 종의 일기를 썼습니다. 그중에서 시간별 일기를 쓴 것이 시간을 효율적으로 쓰는 데 톡톡한 역할을 했습니다. 이후로 시간별 일기는 지금까지 꾸준히 써오고 있죠. 시간별 일기를 쓰다 보면 쓸데없는 데 쓰는 시간이 확연하게 보이는데 그것만 줄여도 효과가 큽니다.

- **시간별 일기** : 쓰는 목적은 내가 실제로 하루 시간을 어떻게 썼나 확인하고 그 추이를 보기 위함입니다. 장점은 맨날 시간이 없다고 생각하지만 실제로 정말 시간이 없었는지 확인하게 해줍니다. 저는 출퇴근 시간 전후 가용 시간 세 시간을 표시하고 효율적으로 쓰려고 주간 단위 시간표를 엑셀로 만들어서 썼습니다.

- **나 일기** : 매일 바쁘게 살아가는데 진짜 내가 바라는 방향으로 가고 있는지 가끔 의문이 드는 분들이 많을 것입니다. 나에 대해 알아가는 질문들은 자기계발서에 많이 있습니다. 저는 그것들을 모아서 적고 답을 적으며 나를 찾아가는 데 썼습니다. 정말 내가 좋아하는 것, 잘하는 것이 무엇인지 알아가기 위해서가 목적이었습니다. 남의 관점에서가 아닌 진정으로 '내가 원하는 목적지가 무엇인지' 선명해지는 느낌이었습니다.

- **꿈 일기** : 저는 거의 매일 아침에 꿈을 꾸는데, 꿈꿀 때마다 그 내용을 적었습니다. 잠재의식을 살펴보기에 좋고, 피하고 싶은 문제들을 직면하게 해줍니다. 더불어 생에 큰 주기가 있을 때마다 적었습니다. 무의식이 생의 큰 변화들에 많은 영향을 준다고 생각합니다. 각 꿈의 의미도 웹서핑으로 해몽을 찾아 적었는데, 지금은 빅 데이터가 쌓여서 웬만한

꿈은 대충 무슨 뜻인지 짐작이 갑니다.

- **감사 일기** : 그날 일 중 감사했던 일에 대해 씁니다. 내가 가진 것에 집중하게 하는 효과가 있습니다. 배달음식을 주문했는데 정말 맛있었다거나 하는 소소한 기쁨들을 상기하게 해 줍니다. 평소에는 그냥 흘려보낼 기억들, 즉 따뜻한 물에 샤워를 해 기분 좋아진 것, 반찬을 사 먹음으로써 요리하는 시간을 아끼게 된 것, 대중교통에서 작은 친절을 마주해 흐뭇해진 것 등 쓰고 있으면 마음이 평화로워집니다.

- **3줄 일기** : 좋은 일, 안 좋은 일, 내일 할 일. 이 3가지를 적습니다. 일기 초보자에게 적합합니다. 실제로 좋아하는 것과 싫어하는 것을 파악할 수 있어 나를 더 잘 알게 되는 효과가 있습니다. 하지 못한 일을 체크하며 내일 할 일을 적으면 해야 할 일을 놓치지 않고 실천하게 되는 효과도 있습니다.

'게으른 나'라는 방에서 빠져나올 열쇠

몇 년 전 일기를 보니 '사는 것이 까치발을 하고 한 발로 서있는 것 같다'고 쓰여 있었습니다. 다른 사람은 앉거나 두 발로 서 있는데, 저만 불안하고 힘든 것처럼 느껴졌습니다. 뒤늦게 그 이유가 나아가야 할 시점에 움직이지 않아서임을 깨달았습니다. '이렇게 살면 죽을 때 후회할 것 같다'고 느낀 시점에서야 다시 움직이기 시작했습니다.

저는 무척이나 게을러서 심지어 신혼여행 가는 비행기도 놓칠 뻔했습니다. 어릴 때 입버릇은 "귀찮아"였습니다. 학창시절엔 숙제를 안 해간 날이 훨씬 많았고, 대학교 학점 평균은 3점이 넘지 않습니다. 첫 직장에서는 일요일 저녁을 불안해하고 때때로 울면서 겨우 3년 경력을 채웠습니다. 그 이후로도 할 줄 아는 것을 찾느라 꽤 오랜 시간을 보냈습니다.

이렇게나 게으른 제가 한 것을 요약하면 단순합니다.

첫째. 하루에 한 시간 이상 장기적으로 중요한 일 하나를 계속한다(하루 이틀, 심지어 일주일을 빼먹어도 괜찮다. 멈추지만 않으면 된다).

둘째. 그 과정을 노트에 기록한다(온라인 메모장이어도 괜찮다. 예전에 쓴 것을 이어서 볼 수만 있으면 된다).

언제 컵에 물을 따르는 것이 힘들다고 느꼈는지 기억나세요? 아마 쉽게 기억이 나진 않을 겁니다. 미취학 아이들과 놀다 보면 컵에 물을 따르는 게 엄청난 고급 기술이라는 것을 알게 됩니다. 망설임에서 벗어나 시작에 익숙해지는 과정은 컵에 물을 따라서 마시는 것과 비슷합니다. 서투름과 완벽함 사이에는 무수한 단계들이 있고, 익숙해지면 원래 그랬던 것처럼 자연스러워집니다.

물을 컵에 따르기 위해서는 물통을 손에 쥐고 컵 방향의 알맞은 각도로 시간을 들여 서서히 기울여야 합니다. 방향과 속도 중 하나라도 틀리면 물을 쏟게 됩니다. 물이 담긴 컵을 빨대 없이 입에 대고 마시는 것도 쉬운 일은 아닙니다. 마시는 속도에 맞추어 물 높이가 입술에 찰랑찰랑 닿을 만큼 천천히 컵을 입 쪽으로 기울여야 합니다. 물을 마시는 것보다 기울이는 속도가 더 빠르면 숨이 막혀서 캑캑대죠.

하는 일마다 잘 안된다고 느껴지면 자신의 몇 년 후가 마치 지금과 같을 것이라고 억측하고 시도를 멈추어버릴 수 있습니다. 저도 한동안 그런 시기를 겪었습니다. 마치 방에 갇힌 것처럼 게으른 나에게서 빠져나오기란 불가능해 보였습니다. 하지만 신기하게도 다양한 방법을 지속적으로 시도해보니, 게으른 나라는 방에 맞는 열쇠를 발견하고 나갈 수 있었습니다. 방법을 체득하니 작심삼일이 점차 길어지더라고요. 작심십일이 되고, 작심한달이 되고 6개월이 되었어요. 어느새 1년이 넘게 걸리는 계획도 실천할 수 있게 되더라고요.

'게으른 나'라는 이름표를 붙여 자신을 가두지 마세요. 나라는 존재의 특성은 하나가 아닙니다. 사람은 게으른 성향과 부지런한 성향 모두를 조금씩이라도 다 가지고 있죠. 나라는 집에는 여러 개의 방이 있습니다. 게으른 나, 부지런한 나, 무능한 나, 유능한 나, 어두운 나, 밝은 나. 다양한 나의 특성이 모여서 '나라는 인격체'를 구성하고 있습니다. 목표를 이루고 싶다고 게으른 내가 사는 방을 없앨 필요는 없습니다. 가끔은 그 방에 들어가 달콤하게 게으름 부리며 휴식하고 충전할 수 있습니다. 게으른 나를 미워하지 마세요. 그 방에서 빠져나올 수 있는 열쇠만 발견하면 됩니다.

여러분의 행운을 빕니다(찡긋).

※온라인으로도 템플릿을 사용하실 수 있습니다. 노션 홈페이지 (notion.so)에서 계정을 만든 후 아래의 QR코드로 들어가 페이지 우측 상단의 '복제'를 클릭하여 본인의 워크스페이스로 복사해 사용하면 됩니다.

부록

이제 시작,
실습 템플릿

목표 설정 : 인생의 북극성
제대로 세우기

1. 삶의 중요한 가치 생각해보기

(예시 : p.133)

- **내 인생의 큰 돌**

평소에 중요하게 생각한, 내 인생에서 가장 중요한 가치는 무엇인가요? 죽기 직전에 이것을 하지 못한다거나 시간을 덜 쓴다면 가장 후회되리라 예상되는 것, 나의 행복을 위해 중요한 것들을 적어보세요.

3개 : (   )

(   )

(   )

- **내 인생의 작은 돌**

내 인생에서 가장 중요하지는 않지만 그다음으로 중요한 가치들을 적어보세요.

5개 : (   )

(   )

(   )

(   )

(   )

예시) 자유, 성장, 커리어 패스, 금전적 보상, 성취감, 워라밸, 사회적 의미, 개인적 재미, 회사 내 대인 관계, 타인의 인정, 취미생활, 정신과 육체의 건강, 타인 돕기, 나의 신념, 몸과 마음의 여유, 문제해결 능력 상승, 삶의 목적 찾기, 가족과의 시간, 친구와의 시간 등

2. 현재 삶의 우선순위 점검하기

(예시 : p.135)

현재 삶의 우선순위는 무엇인가요? 생각이 안 난다면 일어나서 잘 때까지 무슨 일을 하는지 한번 적어보세요. 개인 캘린더와 업무 캘린더를 보면서 중요 일과들을 살펴보는 것도 작성하는 데 도움이 됩니다. 그러면서 먼저 적은 삶의 가치와 실제 적용하고 있는 우선순위의 방향이 얼마나 일치하는지도 살펴보세요.

예를 들어, 성공이나 성장이 중요한 가치라고 적었지만, 실제로는 엔터테인먼트 트렌드와 큰 상관 없는 직업인데 넷플릭스 같은 OTT 서비스를 시청하는 데 너무 많은 시간을 쓰고 있는 것은 아닌지 등 비교해보세요. 반대로 건강이 나빠져서 건강을 중요하게 생각해야 하는데, 업무에 지나치게 많은 시간을 할애하지 않았는지도 확인해보세요.

• **중요하고 급한 일 :**

- 중요하지만 급하지 않은 일 :

- 중요하지 않고 급한 일 :

- 중요하지도 않고 급하지도 않은 일 :

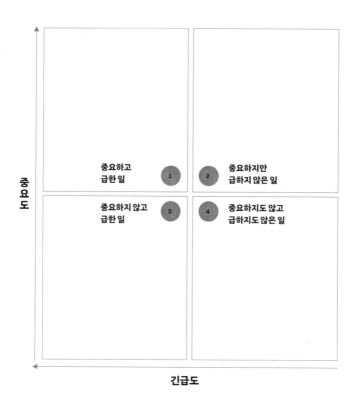

3. 욕망의 뿌리 발견하기

(예시 : p.142)

나의 욕구를 입체적으로 볼 수 있도록 여러 가지 방향에서 원했던 것들을 적어봅니다. 우선 평소 생각했던 고민들이나 바람을 적습니다. 이것만 되면 '내 인생이 바뀔 것 같다!'라고 생각했던 것이나, '내 삶에서 중요한 것'은 알고 있지만 실천하는 데 시간이 꽤 걸릴 것 같아서 계속 미뤘던 것들 위주로 적으면 좋아요. 생각이 잘 안 난다면, 앞서 2번에서 작성한 것 중에서 중요하지만 급하지 않은 것들의 목록을 참고해도 좋아요.

다 적은 뒤에는 개념을 정리해서 카테고리로 묶어봅니다. 그래야 구체적인 개선 방향이 잡히거든요. 그러고 나서 현재 상황과 비교하여 수치화할 수 있는 목표를 정합니다. 아래의 예시를 보시면 이해가 빠를 거예요.

• **나의 욕망 :**

• **이유 :**

> 예시) 내가 이루고 싶은 것, 하고 싶은 것, 갖고 싶은 것, 직업상 원하는 스킬, 평소 잘한다는 소리를 들어서 사이드 잡으로 해보고 싶은 장점, 내 커리어에서 전체 평점을 낮게 만드는 단점, 인간관계 등

4. 희로애락으로 내 욕구 파악하기

(예시 : p.144)

경험으로 나의 욕망을 알아보는 시간입니다. 다음의 질문에 답하며 그간의 경험들을 살펴보고, 그 속에 숨겨져 있었던 나의 욕구를 파악해봅니다.

- 내가 기쁘고 행복했던 기억은? (뿌듯했던, 만족했던)

- 무엇 때문에 가장 화나 났었나? (자신에게 혹은 타인에게 가장 화났던)

- 무엇 때문에 가장 슬펐나? (슬프거나 무기력했던)

- 가장 즐겁게 무엇인가 했던 기억은? (능동적으로 즐겼던)

➡ 위의 4가지 경험으로 봤을 때 나는 무엇을 좋아하고 무엇을 싫어하는 사람인가요?

5. 베스트 버전의 나 찾기

(예시 : p.147)

내가 꿈꾸는 나의 모습을 한번 상상해보세요. 진심으로 원했던 자신의 모습을 적어봅니다. 평소 좋아하고 잘하는 것들을 돌이켜보아도 좋습니다. 혹시 잘 생각나지 않는다면 어떤 직업을 가진 사람이 부러웠는지 생각해보는 것도 도움이 됩니다.

• **내가 꿈꾸는 나의 모습 :**

• **내가 잘하는 것 :**

• **내가 하면서 즐거운 것 :**

• **꾸준히 해도 질리지 않는 것 :**

• **나는 어렵지 않게 했는데 타인의 반응이 좋았던 것 :**

- 다른 사람이 하면 힘들고 오래 걸리는데 나는 쉽게 하는 것 :

6. 가장 나답고 즐거울 수 있는 환경 찾기

(예시 : p.150)

내가 좋아하는 것을 할 때도 환경이 받쳐주어야 오래 할 수 있습니다. 아래의 2가지 환경 중에서 더 즐거운 환경을 골라서 동그라미 쳐보세요. 고르기 힘들다면 둘 다 좋다고 써보세요.

- 여럿이 일할 때 vs 혼자서 일할 때

- 시끄러운 환경 vs 조용한 환경

- 내가 주도적으로 이끌기 vs 다른 사람의 일을 서포트하기

- 대체로 계획대로 할 수 있는 일 vs 변수가 많아 계속 수정하는 일

- 처음부터 끝까지 맡아서 하기 vs 내가 잘하는 부분만 하기

- 아무것도 없는 단계에서 초안 만드는 일 vs 이미 다 된 일을 더 낫게 발전시키는 일

7. 가장 바뀌길 바라는 장기목표 정하기

(예시 : p.152)

여러분이 원하는 목표는 무엇인가요? 무슨 일을 하며 어떤 환경에서 살고 싶나요? 나의 가치관, 우선순위, 욕망, 정체성을 담아서 장기적인 목표를 설정해보세요.

- 내 삶에서 중요하게 생각하는 가치(1번 답) :

- 내 삶의 우선순위 중 중요한 것(2번 답) :

- 나의 욕망(3번 답) :

- 내가 즐겁거나 기쁠 때(4번 답) :

- 내가 되고 싶은 나의 정체성(5번 답) :

➡ 위 5개를 고려한 장기목표 :

8. 구체적인 1차 단기목표 정하기

(예시 : p.154)

장기목표 달성을 위해 현재의 내가 할 수 있는 목표를 적어보세요. 목표를
여러 가지 적고 그중에 가장 달성하기 쉬워 보이는 것으로 정해보세요.

- 목표 쪼개기(1차 단기목표 후보) :

- 최종 1차 단기목표 :

계획과 실행 :
하루를 48시간처럼 사용하기

1. 나의 특성을 활용해 목표 로드맵 만들기

(예시 : p.165)

장기목표를 이루기 위한 순서도를 그려보세요. 각각의 단기목표와 해당하는 할 일들을 적어보세요. 꼭 한 번에 다 적을 필요는 없습니다. 1차 목표와 그것에 해당하는 할 일만 적어보아도 좋습니다.

- **장기목표(7번 답)** :

- **장기목표 로드맵**

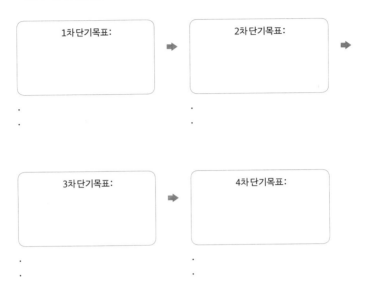

2. 당장 실행할 1~2개 정하기

(예시 : p.171)

다음 표처럼 1차 단기목표에서 할 것을 적어보거나 매일 습관화하고 싶은 행동을 상황과 함께 적어보세요. 할 일은 그 자체를 실행하면 되는 것도 있고, 여러 가지 작은 할 일들이 모여서 구성되는 경우도 있습니다. 할 일을 세부적으로 나누고, 언제 할지와 예상 소요 시간, 예산, 인력을 적어보세요.

	할일1:	할일2:
어떻게 (세부 할일)		
언제 + 예상 소요 시간		
어디서		
예산 (필요하면 적기)		
인력 (필요하면 적기)		

- **습관화하고 싶은 행동의 상황과 할 일 1~2가지**

나는 (   ) 전/후에 (   )을/를 한다.

나는 (   ) 전/후에 (   )을/를 한다.

3. 가용 시간 계산하여 색칠하기

(예시 : p.175)

다른 사람의 방해 없이 쓸 수 있는 시간을 색칠해보세요. 직장인이라면 출근 시간 전과 퇴근 시간 후를, 학생이나 취준생이라면 매일의 가용 시간을 색칠해봅니다. 이 시간표는 템플릿 도입부에 실려 있는 QR코드 링크로 들어가면 다운받아 사용할 수 있습니다.

	( )	( )	( )	( )	( )	( )	( )
	Sun	Mon	Tue	Wed	Thur	Fri	Sat
5am							
:15							
:30							
:45							
6am							
:15							
:30							
:45							
7pm							
:15							
:30							
:45							
8am							
:15							
:30							
:45							

4. 주간 시간표 만들기

할 일에 대해 요일별 시간을 나누어 적어봅니다. 실행은 유동적으로 하는 것이 실제로 더 도움이 되니 아침저녁으로 대략의 시간대를 적습니다.

- **단기목표 1. 할 일 :**

  요일 : 월 / 화 / 수 / 목 / 금 / 토요일 (주   회)

  시간 :   시   분 ～   시   분 (분 내외 실행)

- **단기목표 2. 할 일 :**

  요일 : 월 / 화 / 수 / 목 / 금 / 토요일 (주   회)

  시간 :   시   분 ～   시   분 (분 내외 실행)

5. 시간표에 한 일 시간블록으로 표시하기

3번의 시간표에 목표로 한 일을 블록으로 표시합니다. 15분 단위로 나뉘어 있으니 꼭 30분이나 1시간을 채울 필요 없습니다. 유동적으로 시간을 채워서 써보세요.

6. 의무X선호 매트릭스 작성하기

(예시 : p.179)

좋아하는 일이나 의무인 일에 얼마나 시간을 쓰는지 작성해봅니다. 써야 할 시간을 어느 정도의 비율로 쓰고 있는지 돌아볼 수 있는 좋은 기회입니다. 의무와 선호 축에 내가 하는 일을 배치하고 중요도에 따라 크기를 수정합니다.

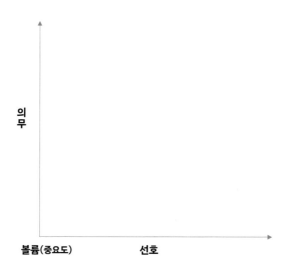

• 빼거나 줄일 일(의무, 선호, 중요도가 낮은 일)

-

-

기록과 회고 :
목표를 현실화하는 나침반 만들기

1. 손으로 쓰는 노트 주제 정하기

(예시 : p.183)

내게 지속적인 고민과 성찰이 필요한 주제가 있다면 무엇일까요? 장기목표와 관련된 주제 위주로 직접 손으로 쓰는 노트 주제를 정해보세요. 집중을 위해 1~2개가 좋습니다.

- **노트 주제 :**

> 예시) 커리어, 직업상 필요한 스킬, 퍼스널 브랜딩, 사이드잡, 중요하지만 급하지 않은 일과 연관된 것

2. 공부할 주제와 읽을 책 정하기

(예시 : p.185)

목표와 관련되어 공부가 필요한 주제와 읽을 책을 5권 적어보세요. '경제 도서 추천'처럼 '주제명 + 도서 추천' 검색을 통해 찾을 수도 있고요. 도서 관에서 사서에게 문의해도 됩니다. 저는 좋은 책 추천글을 보면 스크랩해 놓았다가, 읽어야 할 책의 리스트가 10개 이상 쌓이면 서점이나 도서관에 가서 책을 하나씩 보면서 내용과 목차를 살펴보고 제 수준에 맞는지(자신 이 읽을 수 있는지 여부가 가장 중요!) 보면서 골라놓았어요.

- **공부할 주제 :**

- **읽을 책 5권 :**

3. 목표 자주 보기

(예시 : p.188)

목표를 적고 자주 볼 때 실현 가능성이 높아집니다. 오프라인이라면 집의 컴퓨터 모니터나 책상 앞, 온라인이라면 메모 앱의 가장 상단 카테고리를 추천해요.

- **목표를 적어놓을 곳 :**

4. 동기부여용 자료 업데이트하기

(예시 : p.189)

메모 앱에 내가 잘했던 것, 업무나 과제를 하면서 잘해서 뿌듯했던 경험을 적어놓고 일을 하기 전에 보면 동기부여에 크게 도움이 됩니다. 셀프 칭찬 일기를 목표 바로 아래에 업데이트하세요.

- **동기부여 자료 적어놓을 곳 :**

5. 회고 체크리스트 적기

(예시 : p.191)

한 일을 시간표에 적고 나서 일주일 후에 흐름을 보면서 아래 사항을 체크 해봅니다.

- **일주일에 몇 회나 실행했는가? 잘 지키거나 못 지켰다면 그 이유는 무엇인가?**

- **아웃풋에 변화가 보이는가? 이유로 예상되는 것은 무엇인가?**

- 지속 가능성이 있는가? 지속 가능성을 높이려면 어떻게 해야 하는가?

- 수면, 식사, 운동 등 멘탈 관리 3대장은 잘 지켜지고 있는가?

- **경고 체크리스트**

☐ 아침에 눈 뜨는 것이 즐겁지 않다.

☐ 집에 설거지, 빨래, 쓰레기가 쌓였다.

☐ 손톱 깎을 시간도 없다.

☐ 퇴근해 집에 오면 씻을 힘도 없다.

☐ 식사를 대충 챙겨 먹거나 안 먹는 횟수가 늘어났다.

☐ 운동을 한 지 오래되었다.

☐ 잠자는 시간이 부족하거나 수면의 질이 좋지 않다.

참고문헌

1. 고든 플렛, 폴 휴잇, 《완벽주의 이론, 연구 및 치료》, 박현주, 이동귀, 신지은, 차영은, 서해나, 학지사, 2013.

2. 권석만, 《현대 심리치료와 상담 이론》, 학지사, 2012.

3. 김나이, 《당신은 더 좋은 회사를 다닐 자격이 있다》, 폴인, 2019.

4. 김나이, '이직을 고민할 때 반드시 알아야 할 것은?', 〈세바시 강연〉, 2020.

5. 김상운, 《거울명상》, 정신세계사, 2020.

6. 김용호, 《체육과 내용학》, 레인보우북스, 2009.

7. 김정운, 《나는 아내와의 결혼을 후회한다》. 21세기북스, 2015.

8. 김형남, 노은주, '삼층집, 비교체험 극과 극', 〈건축탐구 집〉, EBS, 2022.

9. 김호경, '문제 생기면 최악 상황 가정… 혹시 나도?', 〈동아일보〉, 2017.02.18.

10. 닐 디그래스 타이슨, '정말로 어려운 일을 해내는 사람들', 〈Project스노우볼〉, 2019.

11. 다카하시 게이지,《두뇌 사용 설명서》, 심교준, 씨앗을뿌리는사람, 2007.

12. 데번 프라이스.《게으르다는 착각》. 이현, 웨일북, 2022.

13. 데이비드 호킨스,《놓아 버림》, 박찬준, 판미동, 2013.

14. 디팩 초프라,《성공을 부르는 마음의 법칙 일곱 가지》, 임희근, 삶과꿈, 1995.

15. 렘군, '잘하는 것이 아무것도 없는 사람이 돈 버는 방법', 〈신사임당〉, 2019.

16. 리처드 니스벳,《생각의 지도》, 최인철, 김영사, 2004.

17. 맷 슈레이더, 〈스코어: 영화음악의 모든 것〉, 2016.

18. 메리 V. 솔란토,《ADHD 성인을 위한 인지행동 치료》, 한국심리치료학회, 시그마프레스, 2013.

19. 무라카미 하루키,《달리기를 말할 때 내가 하고 싶은 이야기》, 임홍빈, 문학사상, 2009.

20. 박순찬, '무명배우의 가슴 짠한 사연임에도 불구하고 팩폭으로 다스리는 선녀보살', 〈무엇이든 물어보살〉, KBSN, 2020.

21. 박웅현,《여덟 단어》, 북하우스, 2013.

22. 박천국, '하버드대 명강사, 탈 벤 샤하르 교수의 '행복수업'', 〈Queen〉, 2014.05.15.

23. 사쿠라가와 신이치, 《돈을 좋아하는 사람 돈이 좋아하는 사람》, 하진수, 경원북스, 2019.

24. 안데르스 에릭슨, 로버트 풀, 《1만 시간의 재발견》, 강혜정, 비즈니스북스, 2016.

25. 앤드류 니콜, 〈인 타임〉, 2011.

26. 에이미 에드먼드슨, 《두려움 없는 조직》, 최윤영, 다산북스, 2019.

27. 엠제이 드마코, 《부의 추월차선》, 신소영, 토트출판사, 2013.

28. 이정모, 《인지과학》, 성균관대학교출판부, 2009.

29. 이정모 외, 《인지심리학》, 학지사, 2009.

30. 이정윤, 조영아, '사회공포증과 완벽주의의 관계', 〈한국심리학회지: 상담 및 심리치료〉, Vol.13, No.2, 2001.

31. 이준희, '"쫄지 말고 대충 쏴"… 안산은 경기가 끝난 뒤에야 눈물을 흘렸다', 〈한겨레〉, 2021.07.30.

32. 장성란, 김효은, '알아두면 쓸모 있는 봉준호의 신비한 취향사전 51문 51답 [1부]', 〈중앙일보〉, 2017.07.31.

33. 정재승, 《열두 발자국》, 어크로스, 2018.

34. 제현주, 금정연, 《일상기술 연구소》, 어크로스, 2017.

35. 조성훈, '"카톡 내놓고 얼마나 걱정했던지"… 김범수의 고백', 〈머니투데이〉, 2020.03.18.

36. 토드 로즈, 오기 오가스, 《다크호스》, 정미나, 21세기북스, 2019.

37. 트레이시 앨러웨이, 로스 앨러웨이, 《파워풀 워킹 메모리》, 이충호, 문학동네, 2014.

38. 후지모토 사키코, 《돈의 신에게 사랑받는 3줄의 마법》, 정세영, 앵글북스, 2018.

39. '인재 유출 심각… 기업 84.7%, 1년 이내 조기퇴사자 발생!', 사람인, 2022.07.21.

40. @eemotionD, '인정 욕구란 무엇인가?', 2022.04.19. (https://twitter.com/eemotionD/status/1516275263939571712?s=20&t=SnbK8Pjo4cBDxRztXr1odg)

41. Charles Duhigg, 'What Google Learned From Its Quest to Build the Perfect Team', 〈The New York Times〉, 2016.02.16.

42. Charlotte Nickerson, 'Herzberg's Motivation Two-Factor Theory', 2021.11.16. (https://www.simplypsychology.org/herzbergs-two-factor-theory.html)

43. Christian Grillon, David Quispe-Escudero, Ambika Mathur, Monique Ernst, 〈Mental fatigue impairs emotion regulation〉, 2015.

44. Dean Hailstone, 'The 4 Levels of Awareness for Musicians', 2014.10.14. (https://www.playguitarlive.com/the-4-levels-of-awareness-for-musicians/)

45. H.C.M. Niermann, 〈The human freezing response and its role in the development

of stress symptoms: A longitudinal approach⟩, 2018.

46. Manpreet Randhawa, 'How can you Measure Psychological Safety at Work?', 2022.06.29. (https://www.myhrfuture.com/blog/how-can-you-measure-psychological-safety-at-work)

47. Matt Chivers. 'TIGER WOODS DESCRIBES PUTTING VISUALISATION TECHNIQUE IN CLASSIC FOOTAGE', 2021.08.15. (https://www.golfmagic.com/golf-news/tiger-woods-describes-putting-visualisation-technique-classic-footage)

48. Maximilian Claessens, 'PRODUCT LIFE CYCLE STAGES (PLC) - MANAGING THE PRODUCT LIFE CYCLE', 2015.06.30. (https://marketing-insider.eu/product-life-cycle-stages/)

49. Pam A. Mueller and Daniel M. Oppenheimer, ⟨The Pen Is Mightier Than the Keyboard: Advantages of Longhand Over Laptop Note Taking⟩, 2014.

50. Peter M. Gollwitzer and Veronika Brandstaetter, ⟨Implementation Intentions and Effective Goal Pursuit⟩, 1997.

51. Robert Brian Dilts, ⟪Strategies of Genius: Volume I⟫, 2017.

52. Stephen Morris, 'Domino Chain Reaction (short version): geometric growth in action' (https://youtu.be/5JCm5FY-dEY)

53. Stephen R. Covey, 'Big Rocks', 1994. (https://resources.franklincovey.com/the-8th-habit/big-rocks-stephen-r-covey)

54. Sudip Mahanti, 'What is perception?', 2018. (https://qr.ae/pvQtuo)

55. Yaakov Stern et al., 〈Effect of aerobic exercise on cognition in younger adults〉, 2019.

56. 'Identify dynamics of effective teams' (https://rework.withgoogle.com/print/guides/5721312655835136/)

57. 'Marketing strategy of Coca-Cola', 2017.02.09. (https://es.slideshare.net/KunalGawade2/marketing-strategy-of-cocacola/2)

아주 작은 시작의 힘

초판 1쇄 인쇄 2022년 12월 23일
초판 1쇄 발행 2023년 1월 04일

지은이 박민선
펴낸이 이경희

펴낸곳 빅피시
출판등록 2021년 4월 6일 제2021-000115호
주소 서울시 마포구 월드컵북로 402, KGIT 16층 1601-1호

ⓒ 박민선, 2023
ISBN 979-11-91825-70-1 03190

- 이 책은 일하는 사람들의 콘텐츠 플랫폼, 퍼블리(publy.co)에서 발행한 〈내 일을 망치는 게으른 완벽주의 극복하기〉〈'난 글렀어…'라고 생각한다면 클릭! 실행 가능한 장기 계획 세우기〉를 기반으로 내용을 보충해 출간했습니다.
- 인쇄·제작 및 유통상의 파본 도서는 구입하신 서점에서 바꿔드립니다.
- 이 책의 전부 또는 일부 내용을 재사용하려면 반드시 사전에 저작권자와 빅피시의 서면 동의를 받아야 합니다.
- 빅피시는 여러분의 소중한 원고를 기다립니다. bigfish@thebigfish.kr